2013—2025年国家辞书编纂出版规划项目

东南亚语日常词汇图解分类词典

A DICTIONARY OF EVERYDAY EXPRESSIONS IN SOUTHEAST ASIAN LANGUAGES

KAMUS BERGAMBAR KLASIFIKASI KOSA KATA SEHARI-HARI BAHASA-BAHASA ASIA TENGGARA

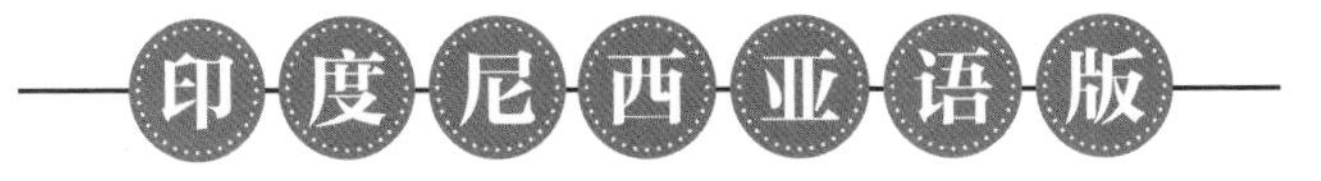

INDONESIAN VERSION

EDISI BAHASA INDONESIA

主编◎张会叶

云南人民出版社

图书在版编目（CIP）数据

东南亚语日常词汇图解分类词典：印度尼西亚语版：汉文、英文、印度尼西亚文 / 张会叶主编. -- 昆明：云南人民出版社：云南大学出版社，2018.11
ISBN 978-7-222-16942-5

Ⅰ. ①东… Ⅱ. ①张… Ⅲ. ①图解词典—汉语、英语、印度尼西亚语 Ⅳ. ①H061

中国版本图书馆CIP数据核字(2018)第261578号

出 品 人： 赵石定　殷永林
责任编辑： 陈　涵　高　照　王　韬　邓立木
责任校对： 王以富
责任印制： 窦雪松
插图绘制： 叶　敏

东南亚语日常词汇图解分类词典·印度尼西亚语版

DONGNANYA YU RICHANG CIHUI TUJIE FENLEI CIDIAN•YINDUNIXIYA YU BAN

张会叶　主编

出版　云南人民出版社　云南大学出版社
发行　云南人民出版社　云南大学出版社
社址　昆明市环城西路609号
邮编　650034
网址　www.ynpph.com.cn
E-mail　ynrms@sina.com
开本　889mm × 1194mm　1/32
印张　8.25
字数　192千
版次　2018年11月第1版第1次印刷
印刷　云南出版印刷（集团）有限责任公司　云南新华印刷一厂
书号　ISBN 978-7-222-16942-5
定价　68.00元

如需购买图书、反馈意见，请与我社联系

总编室：0871-64109126　发行部：0871-64108507　审校部：0871-64164626　印制部：0871-6419153

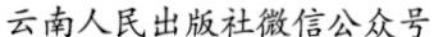

云南人民出版社微信公众号　　云南大学出版社微信公众号

《东南亚语日常词汇图解分类词典》编辑委员会

出版说明

随着我国对外开放的日益深入和“一带一路”建设的推进，随着我国特别是云南省与东南亚各国各方面交往的日益密切和深入，随着云南省开设东南亚语种专业的普通高校不断增加，随着世界上包括东南亚国家学习汉语的人越来越多，对有关中外文对照的词典的需求日益增加。鉴于此，在云南民族大学东南亚学院从事东南亚语教学的教师们的大力支持和配合下，由云南大学出版社牵头，云南人民出版社鼎力支持，我们推出了这套汉语、英语和东南亚七国语对照的东南亚语词典。

任何辞书的编写都并非一件易事。在出版计划落实之初，因考虑到英语作为世界通用语的特性，于是大胆地将英语也作为本书的一部分内容，使用汉语—英语—东南亚语的结构，以打造一本多语种词典作为一次小小的尝试。于是，本系列词典便横跨汉藏语系、印欧语系、南亚语系、南岛语系。不同语言、语系之间的语际差异加大了词典的收词难度，一度令我们的工作原地踏步、停滞不前。在经历了无数次的肯定、否定、再肯定之后，我们确定了本套系列词典浅显性、实用性的出版原则，在收词、编写加工中，每种语言的一个词目只收录一项常用词义，三种语言的词义统一性以词语释义的最大公约数为准则。并在此基础上，每一组词条都配有相对应的图片，旨在从视觉认识上更加明确词义，尽可能最大程度地缩小不同语言之间的差异。

这套词典有以下三个特点：第一，三种语言对照。之所以把英语词汇也纳入进来，是因为在当今世界，英语使用较广泛，许多不懂汉语和东南亚语的人或多或少都懂一些英语，把英语加入进来，能够让更多的人使用这套词典，借助这套词典学习语言。第二，在选词方面，尽量做到选能用于日常生活吃穿住行等方面使用频率高、简单易学的词。第三，图文并茂，便于学习者和使用者增强直观性，强化记忆。

本词典单册收词2312条，7册共收词16187条。为方便使用和查阅，我们在书后附加了汉语笔画、音序索引和英文索引。

在本书的编写、编校和出版过程中，云南民族大学东南亚学院的领导和相关教师、北京小语种排版公司、有关印刷厂、云南大学出版社和云南人民出版社的相关领导和编校人员等给予了大力支持，付出了大量辛劳。在此，我们向各单位和相关同志表示衷心感谢。由于时间有限，我们能力不足，本词典错误或遗漏之处在所难免，恳请有关专家和使用者批评指正，以便我们今后加以完善。

云南人民出版社
云南大学出版社
二〇一八年八月

目　录

国家象征	National symbols	Simbol nasional
① 国徽	national emblem	lambang negara
② 国旗	national flag	bendera nasional/bendera negara
③ 首都	capital	ibu kota
④ 雅加达	Jakarta	Jakarta
⑤ 国花	national flower	bunga nasional
⑥ 茉莉花	jasmine	bunga melati

饭厅 Dining room Ruang makan

① 烛台	candlestick	penyangga lilin/kandil
② 蜡烛	candle	lilin
③ 餐巾	napkin	serbet makan
④ 餐刀	table knife	pisau
⑤ 盘子	plate	piring
⑥ 叉子	fork	garpu

⑦	椅子	chair	kursi
⑧	汤匙	spoon	sendok
⑨	桌布	tablecloth	taplak meja
⑩	糖碗	sugar bowl	mangkuk gula
⑪	沙拉碗	salad bowl	mangkuk salad

⑫ 吊灯 droplight lampu hias
⑬ 餐具橱 cupboard rak piring
⑭ 胡椒瓶 pepper bottle botol lada
⑮ 盐瓶 salt shaker botol garam
⑯ 奶油瓶 cream bottle botol krim

⑰	茶壶	teapot	pot/cerek teh
⑱	水壶	kettle	cerek
⑲	茶杯、杯子	cup	cangkir
⑳	桌子	table	meja
㉑	水杯	water glass	gelas
㉒	咖啡壶	coffee pot	pot cerek kopi

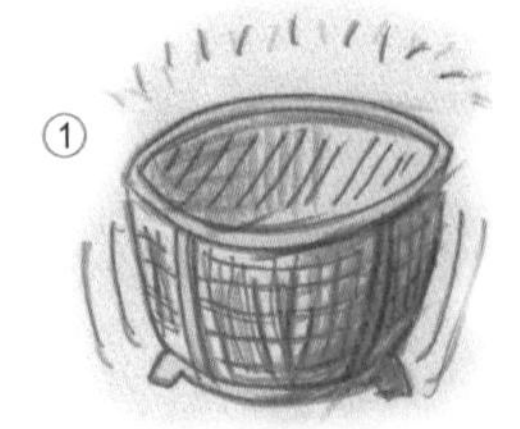

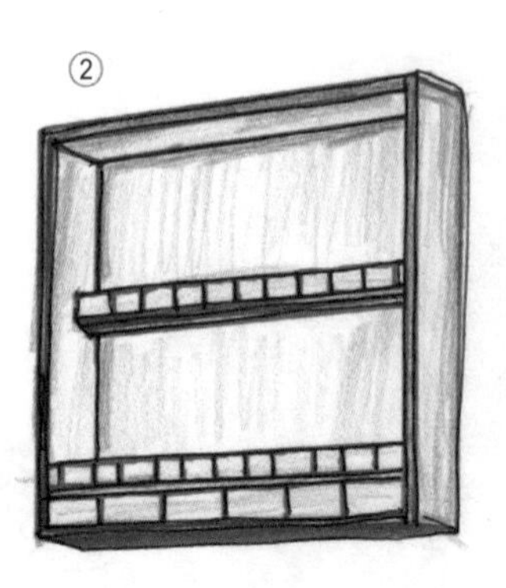

厨房	Kitchen	Dapur
① 蒸锅	steamer	pengukus
② 碗盘架	dish drainer	alat pengering piring
③ 碗橱	kitchen cabinet	lemari dapur
④ 咖啡机	coffeemaker	mesin kopi

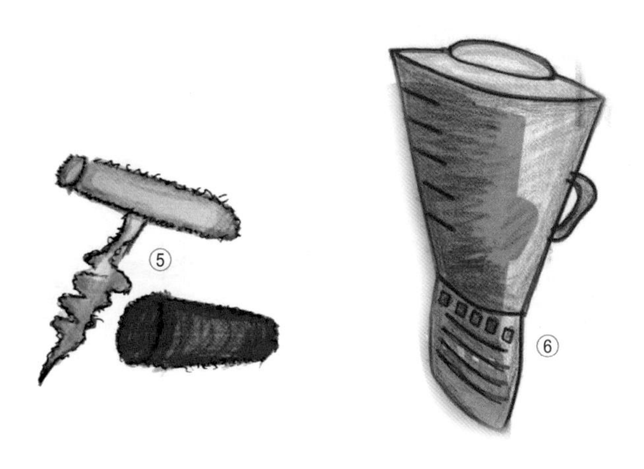

⑤ 开瓶器	bottle opener	pembuka botol
⑥ 果汁机	blender	blender
⑦ 滤器	colander	penyaring

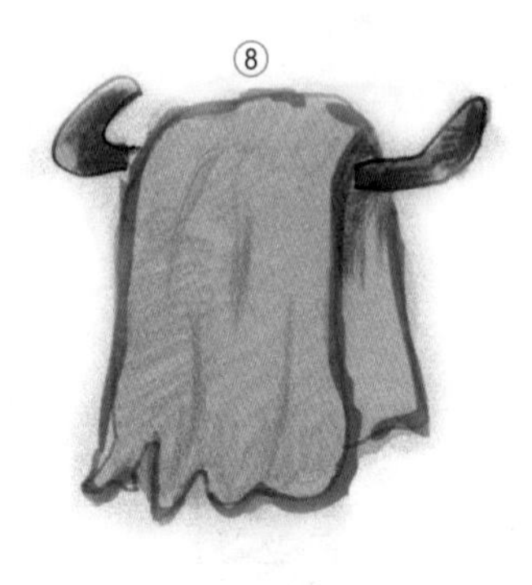

⑧ 擦碗布	dish towel	serbet
⑨ 锅	pot	pot/panci
⑩ 冰箱	refrigerator	kulkas/lemari es

⑪	锅盖	lid	tutup panci
⑫	炖锅	saucepan	panci
⑬	洗洁精	detergent	sabun cuci
⑭	烤面包机	toaster	pemanggang roti

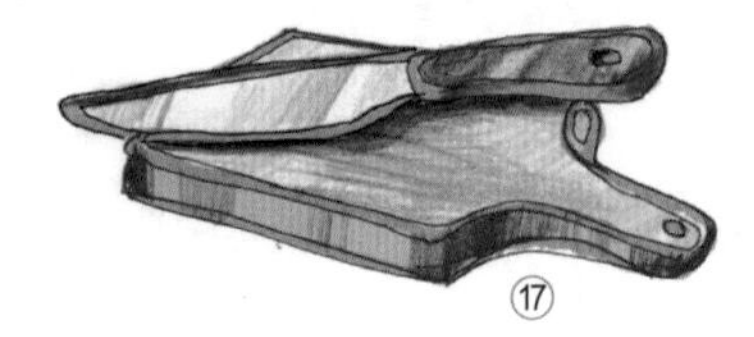

⑮	平底锅	frying pan	wajan
⑯	煤气炉	gas stove	kompor gas
⑰	切菜板	chopping board	talenan
⑱	微波炉	microwave	oven

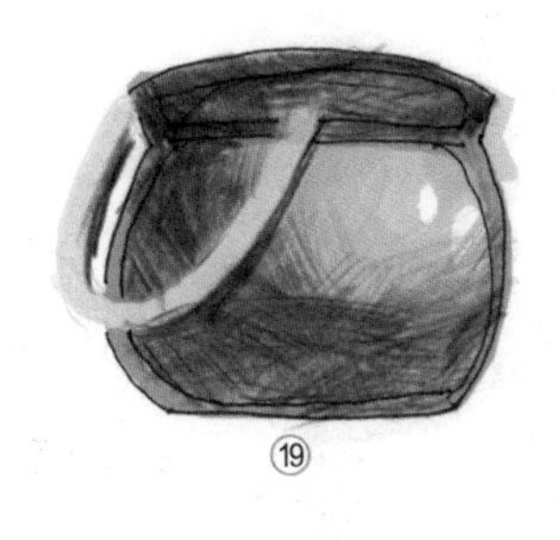

⑲

⑳

㉑

㉒

⑲	罐子	jar	ketel
⑳	菜刀	chopper	pisau daging
㉑	搅拌皿	mixing bowl	mangkuk pencampur
㉒	电饭锅	electric cooker	penanak nasi elektrik

烹饪	Cooking	Memasak
① 蒸	steam	mengukus
② 炸	fry	menggoreng
③ 煮	boil	merebus

④ 切片	chop	mengiris
⑤ 烤	grill	memanggang
⑥ 切	cut	memotong

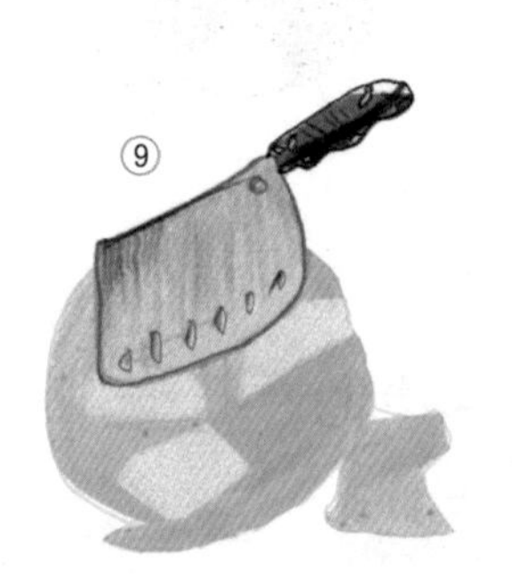

⑦ 打	beat	memecah
⑧ 搅拌	stir	mengaduk
⑨ 削	peel	mengupas

⑩	打开	open	membuka
⑪	敲	knock	memukul/menghaluskan
⑫	倒	pour	menuangkan

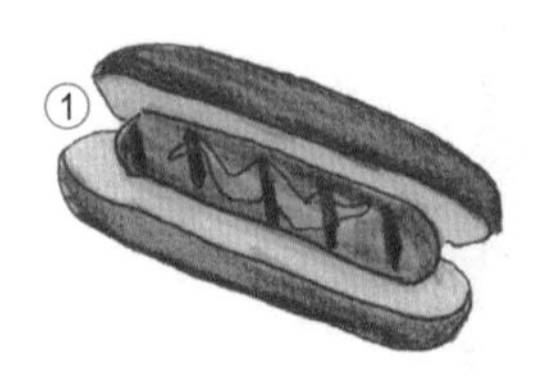

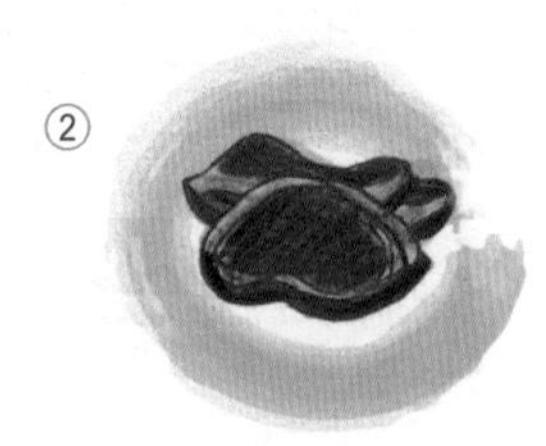

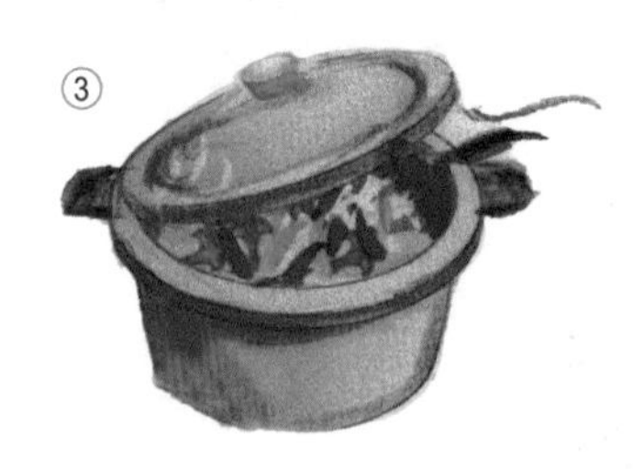

家常食物 Homemade food Makanan rumahan

	家常食物	Homemade food	Makanan rumahan
①	热狗	hot dog	hot dog
②	熏肉	bacon	daging babi asap
③	炖牛肉	stewed beef	daging sapi rebus
④	牛排	steak	steak
⑤	汉堡	hamburger	hamburger

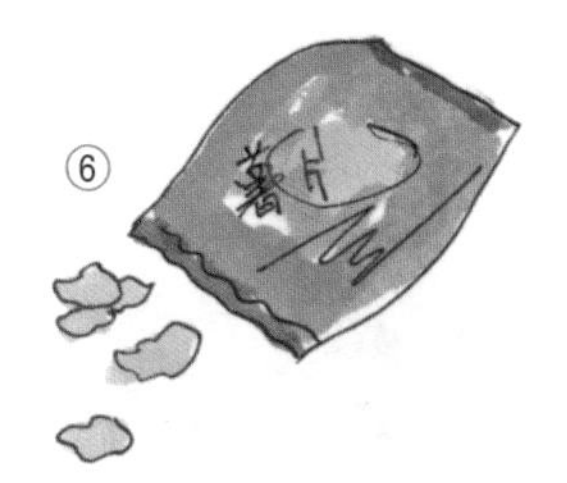

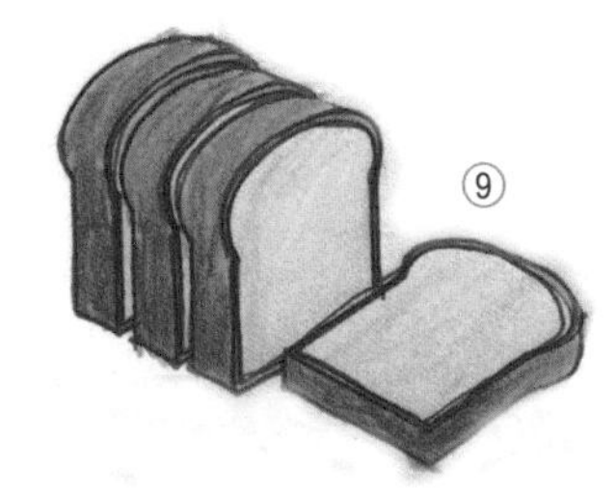

⑥	薯片	potato chips	keripik kentang
⑦	沙拉	salad	salad
⑧	烤马铃薯	baked potato	kentang panggang
⑨	面包	bread	roti
⑩	茶	tea	teh

⑪	咖啡	coffee	kopi
⑫	肉丸	meatball	bakso
⑬	黄油	butter	mentega
⑭	纯净水	pure water	air kemasan
⑮	圣代	sundae	es krim
⑯	荷包蛋	poached egg	telur setengah matang

⑰	方便面	instant noodle	mi dadak
⑱	冰淇淋	ice cream	es krim
⑲	饼干	biscuits	biskuit
⑳	薄饼	pancake	dadar
㉑	什锦蔬菜	assorted vegetables	sayuran/sayur mayur

客厅	Living room	Ruang tamu
① 组合柜	wall units	rak
② 窗帘	curtain	tirai
③ 天花板	ceiling	langit-langit
④ 墙	wall	dinding
⑤ 沙发	sofa	sofa
⑥ 坐垫	cushion	bantal
⑦ 茶几	side table	meja kecil
⑧ 地毯	carpet	karpet

⑨	音响系统	acoustic system	pengeras suara
⑩	电视	television	televisi
⑪	遥控器	remote control	remot kontrol

洗手间	Bathroom	Kamar mandi
① 马桶	toilet bowl	kloset
② 海绵	sponge	spons

③	吹风机	hair dryer	alat pengering rambut
④	卫生纸	toilet paper	tisu toilet
⑤	水槽	sink	wastafel

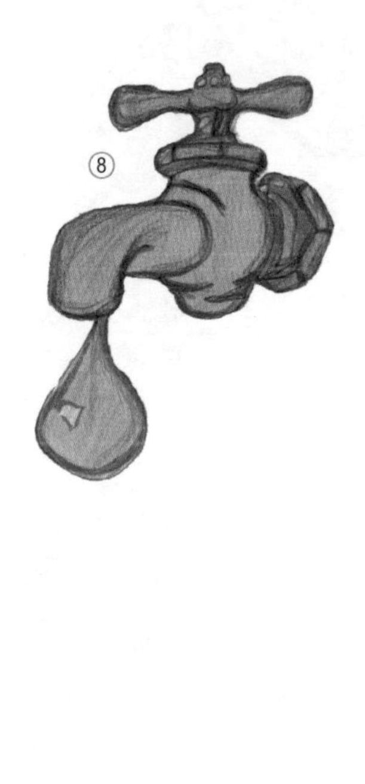

⑥	牙刷	toothbrush	sikat gigi
⑦	牙膏	toothpaste	pasta gigi
⑧	水龙头	tap	keran air
⑨	电动剃须刀	electric shaver	alat cukur listrik

⑩ 剃须刀　shaver　pencukur
⑪ 剃须膏　shaving cream　krim cukur
⑫ 浴巾　bath towel　handuk
⑬ 喷头　showerhead　pancuran
⑭ 浴缸　bathtub　bak mandi

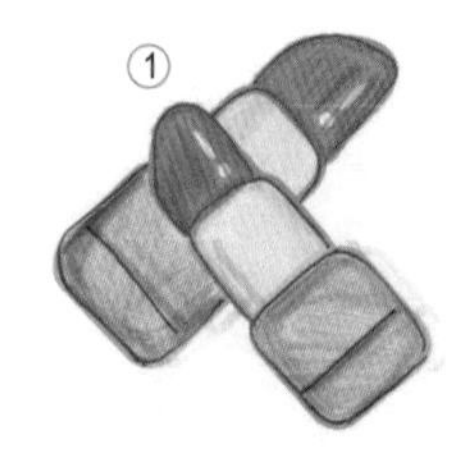

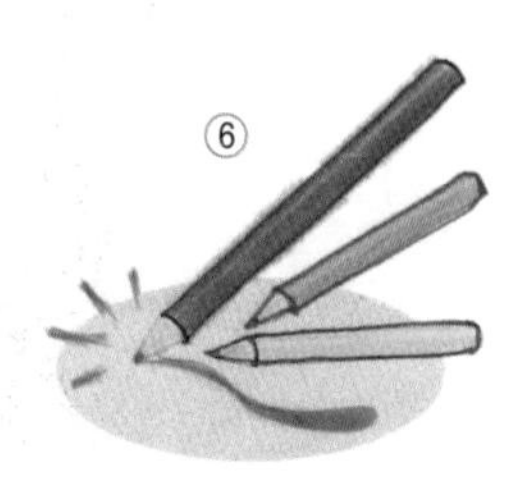

洗漱化妆用品	Wash and make-up supplies	Perlengkapan tata rias
① 口红	lipstick	lipstik
② 洗发露	shampoo	sampo
③ 眼线笔	eyeliner	pensil mata
④ 睫毛膏	mascara	maskara
⑤ 眼影	eye shadow	celak mata
⑥ 眉笔	eyebrow pencil	pensil alis

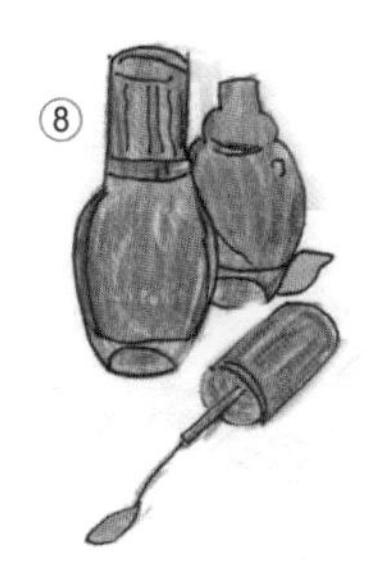

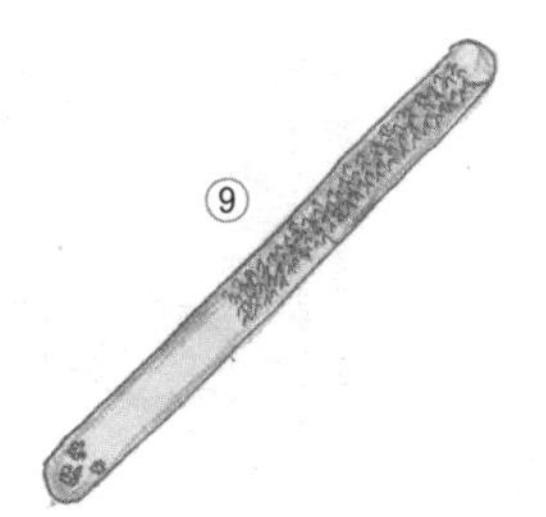

⑦ 肥皂 soap sabun/sabun mandi
⑧ 指甲油 nail polish cat kuku/kuteks
⑨ 指甲锉 nail file kikir kuku
⑩ 香水 perfume parfum

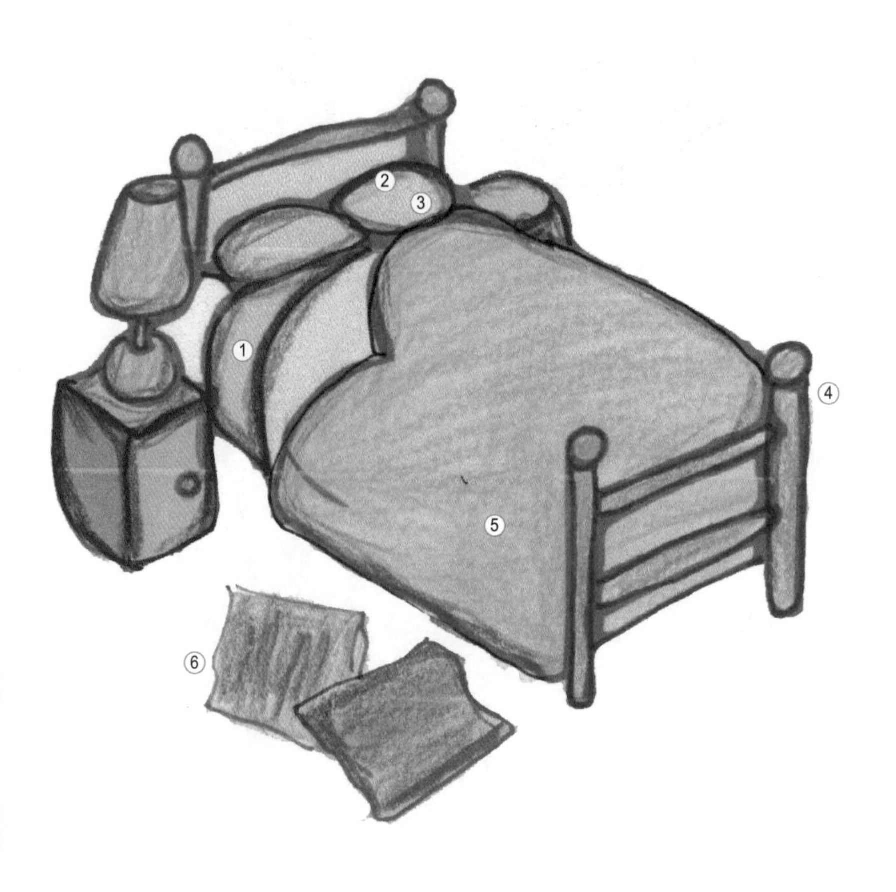

卧室	Bedroom	Kamar tidur
① 床单	bed sheet	seprai
② 枕头	pillow	bantal
③ 枕套	pillowcase	sarung bantal
④ 床	bed	ranjang
⑤ 被子	quilt	selimut ranjang
⑥ 毯子	blanket	selimut

⑦ 衣橱	wardrobe	lemari pakaian
⑧ 衣钩	clothes hook	sangkutan baju
⑨ 衣架	clothes hanger	gantungan baju
⑩ 空调	air conditioner	pendingin ruangan/AC
⑪ 镜子	mirror	cermin
⑫ 梳子	comb	sisir
⑬ 抽屉	drawer	laci

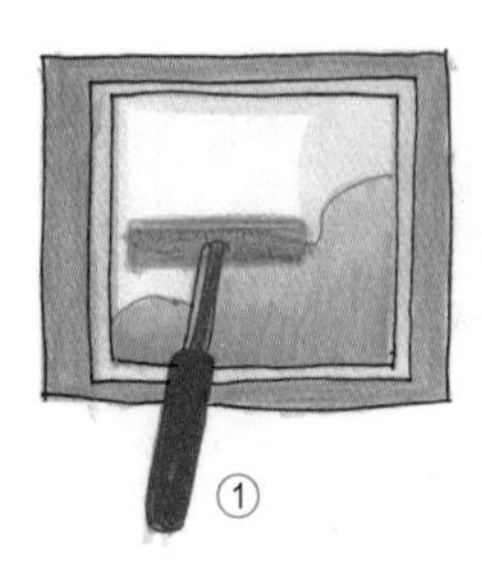

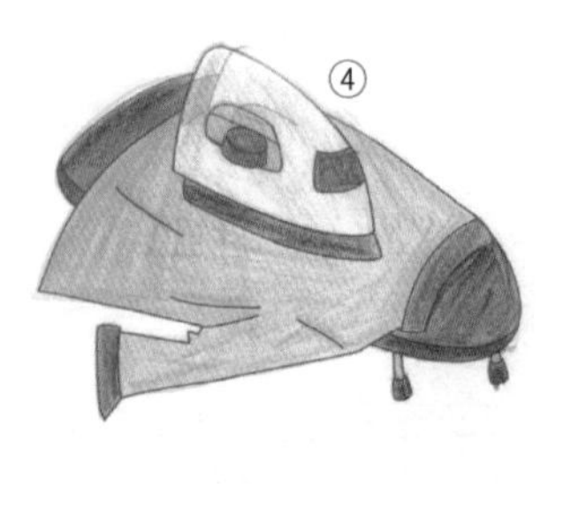

家务及修理用词	**Housework and repair terms**	**Aktivitas rumah tangga dan reparasi**
① 擦	wipe	mengelap
② 扫	sweep	menyapu
③ 挂	hang	menjemur
④ 熨	iron	menyetrika

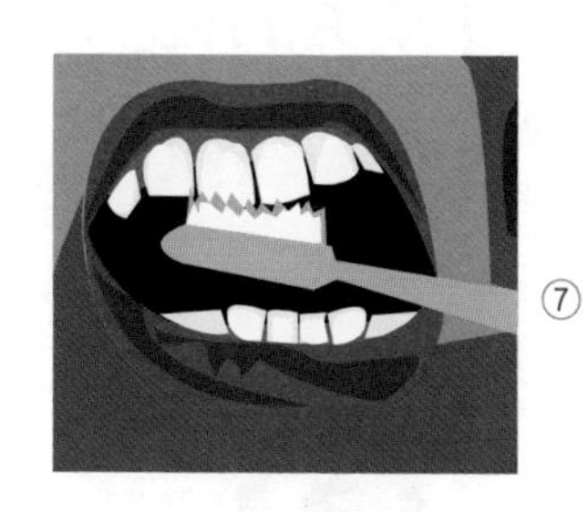

⑤ 修理	repair	memperbaiki
⑥ 洗	wash	mencuci
⑦ 刷	brush	menyikat
⑧ 叠	fold	melipat

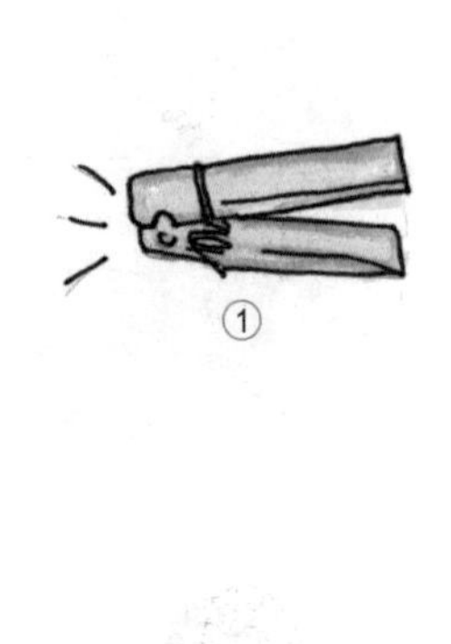

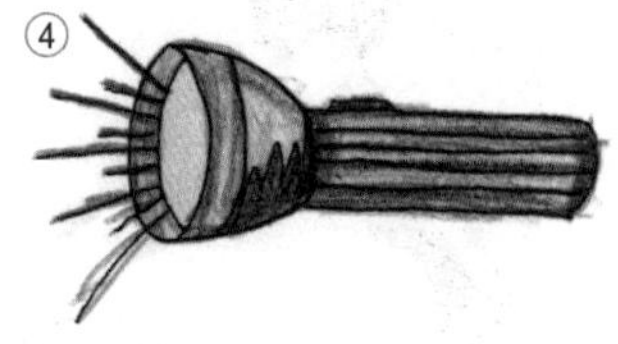

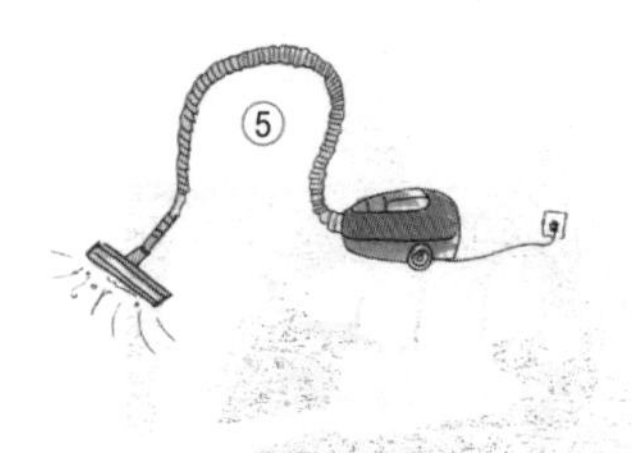

家庭用品 Housewares Alat rumah tangga

	家庭用品	Housewares	Alat rumah tangga
①	衣夹	clothespin	penjepit baju
②	扫帚	broom	sapu
③	垃圾桶	trash can	tong/bak sampah
④	手电筒	flashlight	senter
⑤	吸尘器	vacuum cleaner	alat penghisap debu
⑥	配件	accessory	alat pertukangan
⑦	灯泡	bulb	bola lampu

⑧	清洁剂	detergent	detergen
⑨	洗衣机	washing machine	mesin cuci
⑩	熨斗	iron	setrika
⑪	管子	tube	selang
⑫	洗衣粉	powder detergent	detergen bubuk

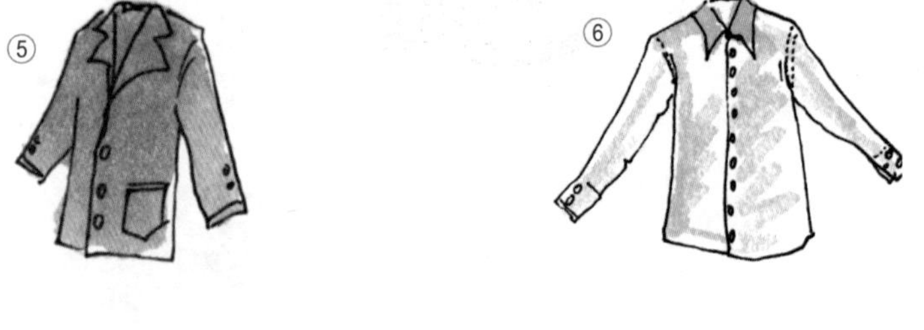

衣物	Clothing	Pakaian
① 毛衣	sweater	sweter
② 雨衣	raincoat	jas hujan
③ 外套	coat	jaket
④ T–恤	T-shirt	kaus
⑤ 西装	suit	jas
⑥ 衬衫	shirt	kemeja

⑦	运动衫	sports jacket	jaket olahraga
⑧	童装	children's clothes	pakaian anak-anak
⑨	防寒服	anorak	parka
⑩	大衣	overcoat	mantel
⑪	制服	uniform	baju seragam
⑫	风衣	windbreaker	jaket

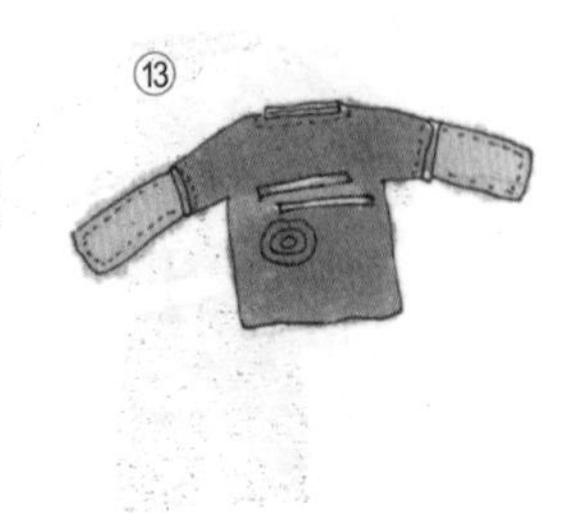

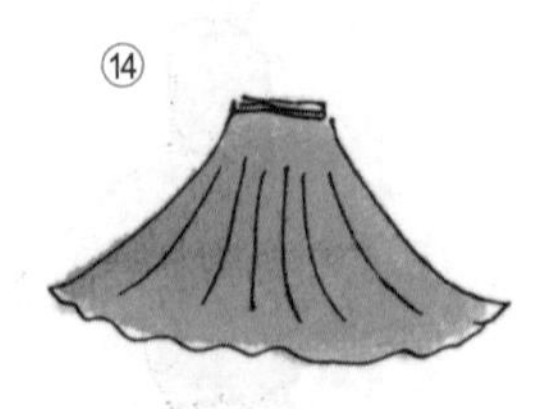

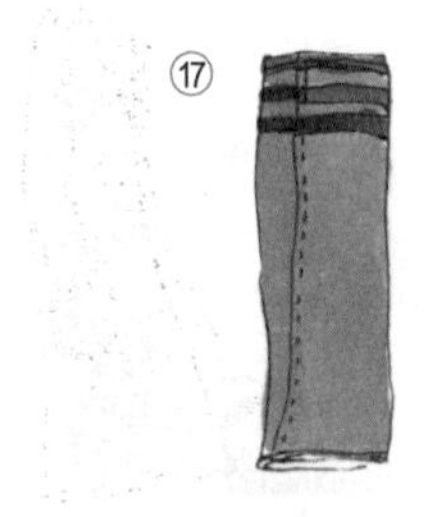

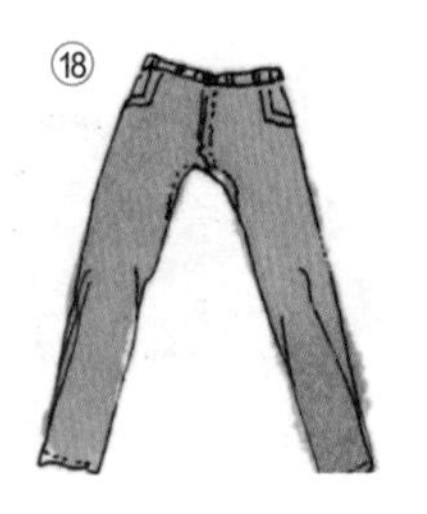

⑬	套头衫	pullover	jaket
⑭	裙子	skirt	rok
⑮	晚礼服	evening dress	gaun malam
⑯	马甲	waistcoat	rompi
⑰	筒裙	tight skirt	ketat
⑱	长裤	pants	celana panjang

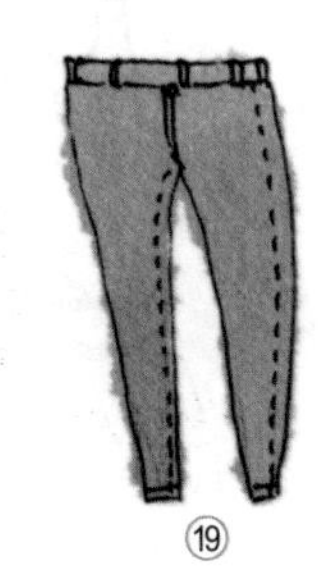

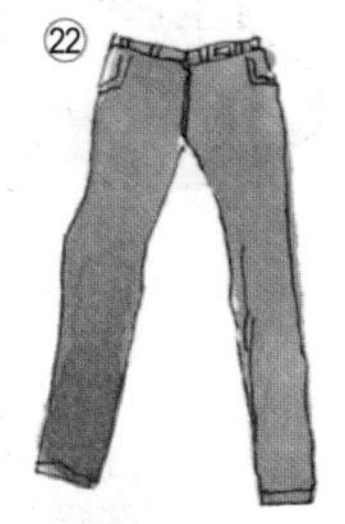

⑲	窄腿裤	tights	celana ketat
⑳	短裤	shorts	celana pendek
㉑	喇叭裤	flared trousers	celana cutbrai
㉒	牛仔裤	jeans	jin

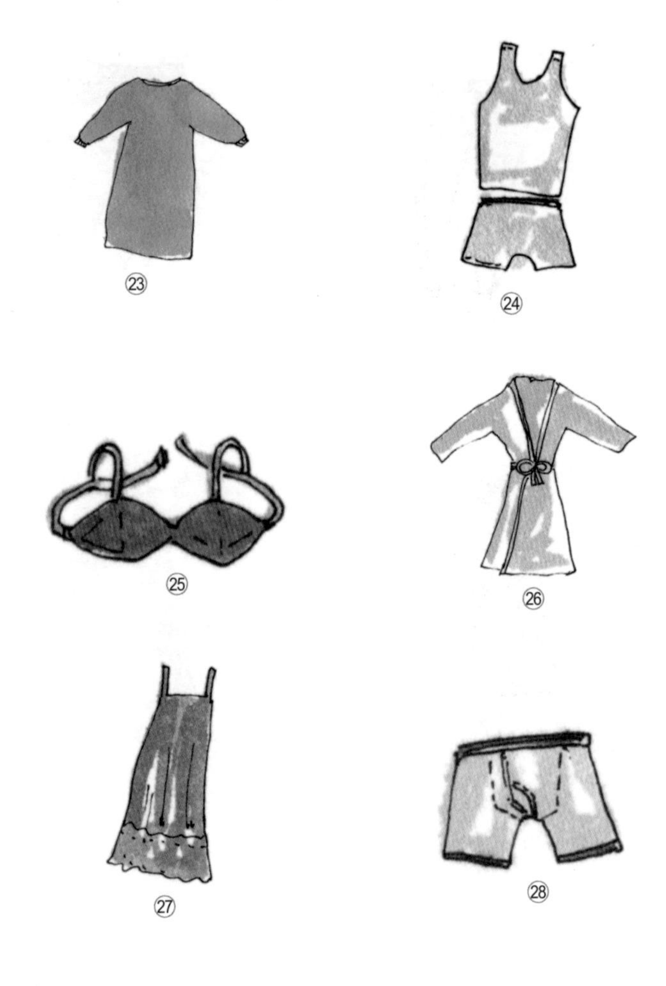

㉓	睡衣	pajamas	piama
㉔	内衣	underwear	pakaian dalam
㉕	胸罩	bra	kutang
㉖	浴袍	bathrobe	jubah mandi
㉗	衬裙	petticoat	rok dalam
㉘	内裤	underpants	celana dalam

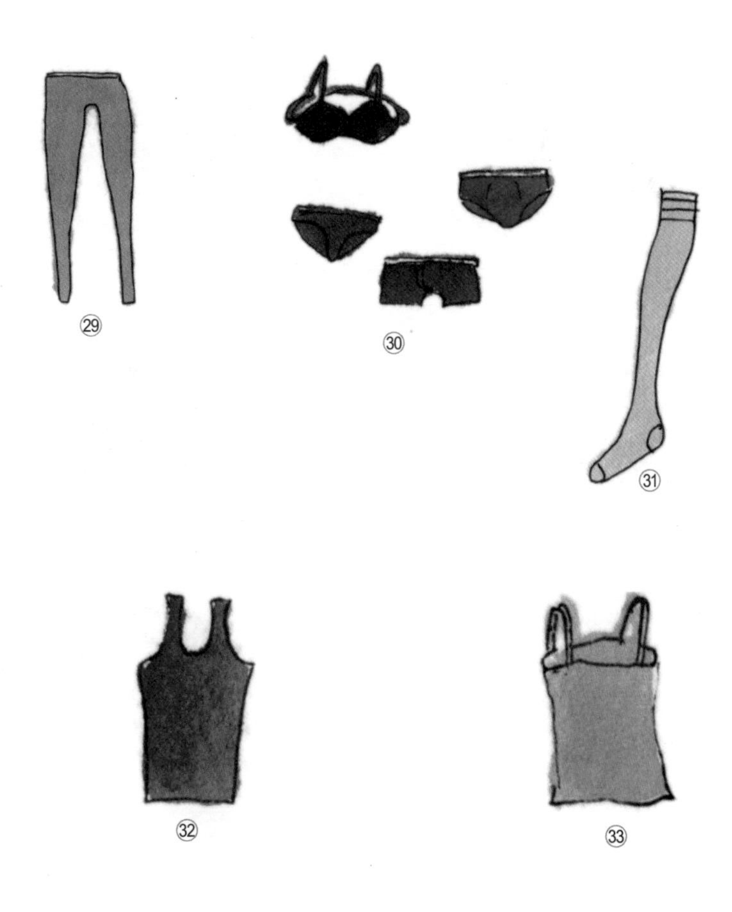

㉙	打底裤	leggings	legging
㉚	泳装	swimsuit	pakaian renang
㉛	丝袜	stockings	stoking
㉜	背心	vest	singlet
㉝	吊带衫	singlet	singlet

㉞

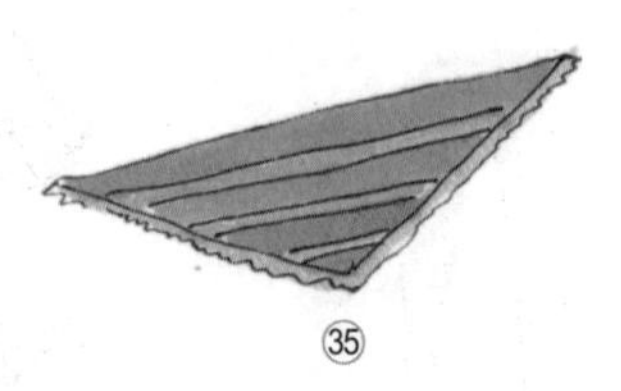

㉟

㊱

㊲

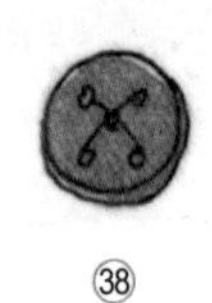

㊳

㊴

㉞	帽子	hat	topi
㉟	披肩	shawl	selendang
㊱	手套	gloves	sarung tangan
㊲	钱包	wallet	dompet
㊳	纽扣	button	kancing
㊴	领带	tie	dasi

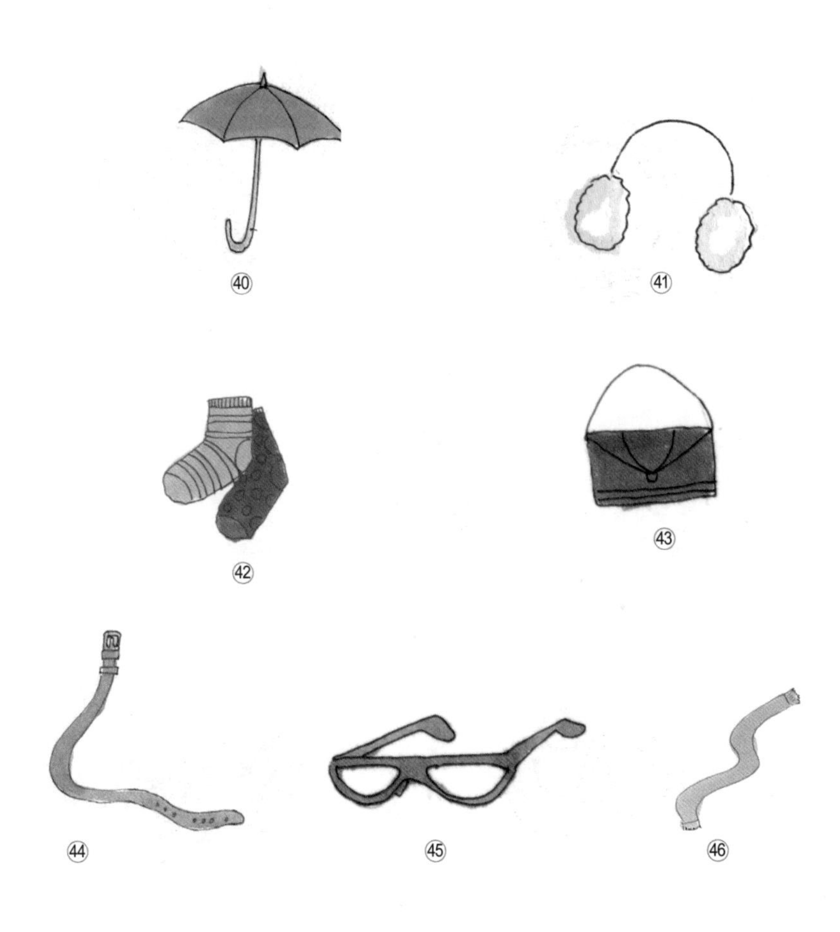

㊵	雨伞	umbrella	payung
㊶	耳罩	earmuffs	penutup telinga
㊷	袜子	socks	kaos kaki
㊸	手提包	handbag	tas tangan
㊹	皮带	belt	ikat pinggang/sabuk
㊺	眼镜	glasses	kacamata
㊻	围巾	scarf	syal

①

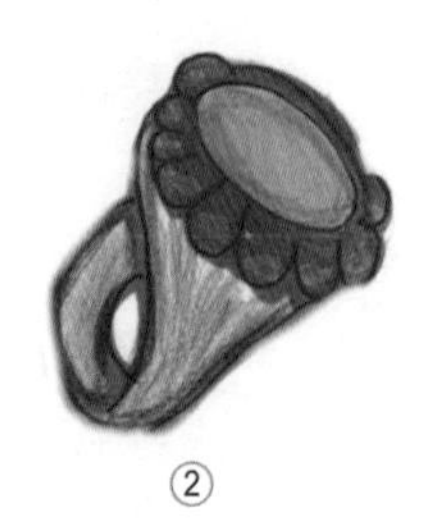

②

③

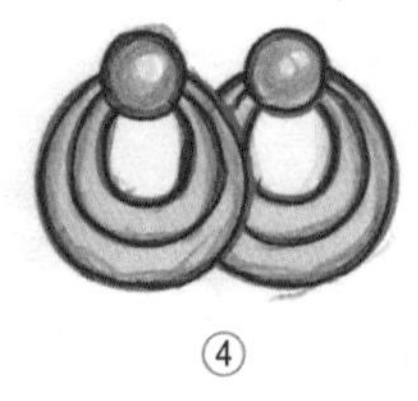

④

⑤

首饰 Jewelery Perhiasan

① 戒指	ring	cincin
② 订婚戒指	engagement ring	cincin pertunangan
③ 结婚戒指	wedding ring	cincin kawin
④ 穿洞耳环	earrings	anting-anting
⑤ 夹扣耳环	button earrings	subang

⑥	项链	necklace	kalung
⑦	耳钉	ear-studs	anting-anting
⑧	胸针	brooch	bros
⑨	手环	bracelet	gelang
⑩	手表	watch	jam tangan

理发和美容 Hairdressing and beauty Tata rambut dan kecantikan

① 短发	short hair	rambut pendek
② 刘海	fringe	poni/rambut poni
③ 卷发	curly hair	rambut keriting
④ 长发	long hair	rambut panjang
⑤ 直发	straight hair	rambut lurus
⑥ 剪发	haircut	potongan rambut

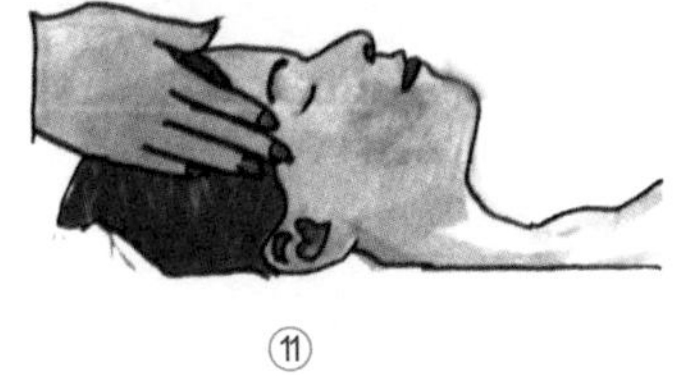

⑦ 发髻	bun	sanggul
⑧ 烫发	perm hair	keriting rambut
⑨ 刮胡子	shave	cukur/bercukur/mencukur
⑩ 染发	dye hair	mengecat rambut
⑪ 按摩	massage	pijit/pijat

天气	Weather	Deskripsi cuaca
① 多云	cloudy	(ber)awan
② 晴	sunny	cerah
③ 多雾	foggy	berkabut
④ 下雨	rain	hujan

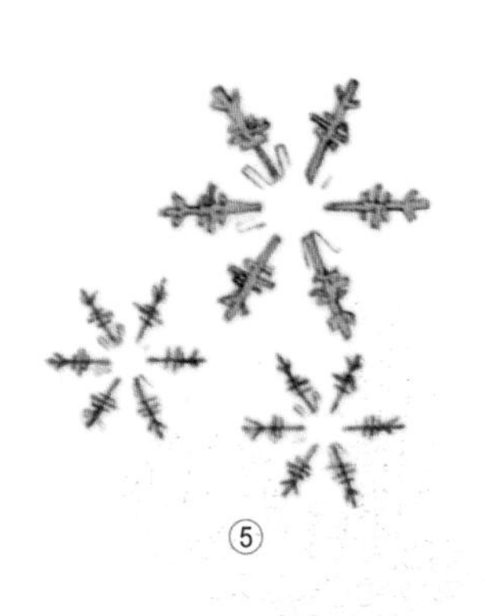

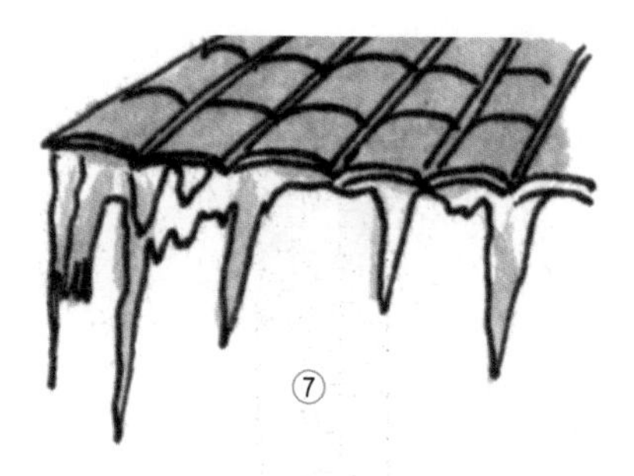

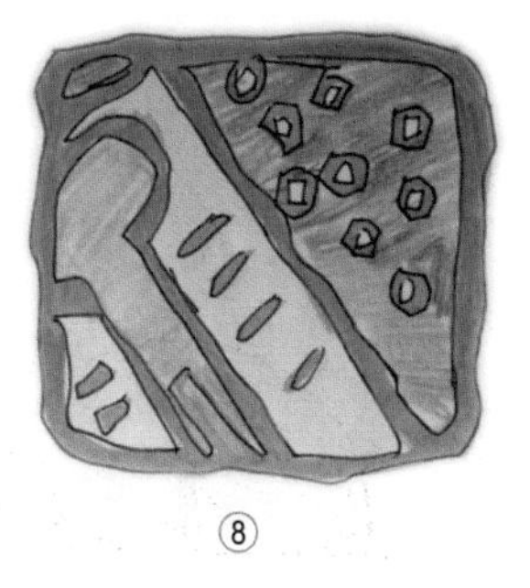

⑤	下雪	snow	salju
⑥	刮风	wind	angin
⑦	冰挂	silver thaw	kristal es
⑧	冰雹	hail	hujan es

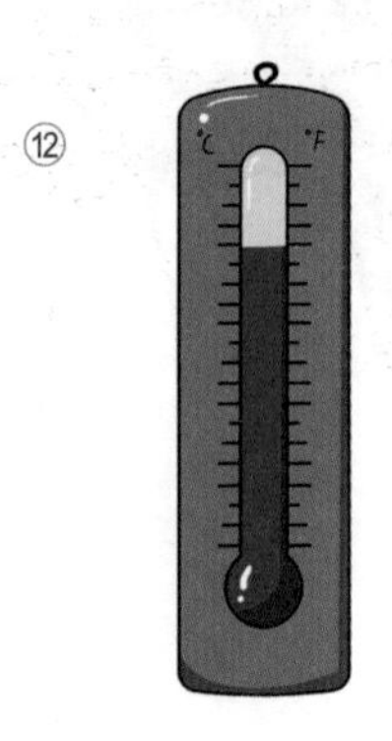

⑨ 暖和 warm hangat
⑩ 干燥 dry kemarau
⑪ 温度 temperature suhu
⑫ 温度计 thermometer termometer

⑬ 凉爽	cool	sejuk
⑭ 潮湿	humid	lembap
⑮ 寒冷	cold	dingin

劳动 Work Aktivitas

① 清洗	wash	mencuci
② 挖	dig	menggali
③ 种植	plant	menanam
④ 刷（油漆）	paint	mengecat

⑤ 割草	mow	memotong rumput
⑥ 拔	pull	mencabut
⑦ 浇水	watering	menyiram
⑧ 修剪	trim	merapikan

⑨ 装	load	mengisi
⑩ 砍	cut	memotong
⑪ 刨草	weed	rumput liar
⑫ 推	push	mendorong

⑬ 背	carry	memikul
⑭ 铲雪	shovel snow	menyekop salju

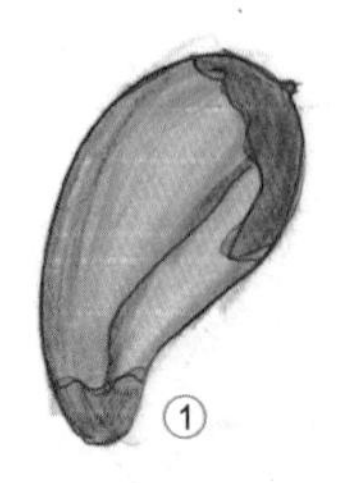

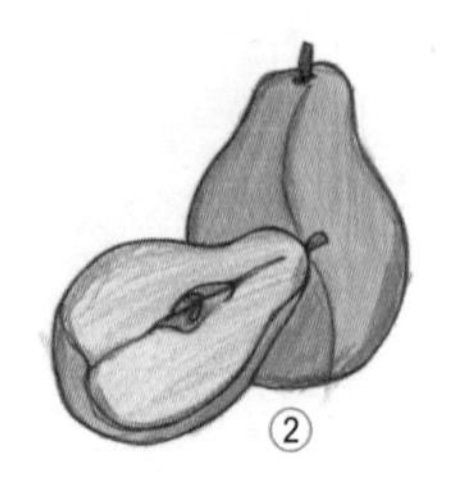

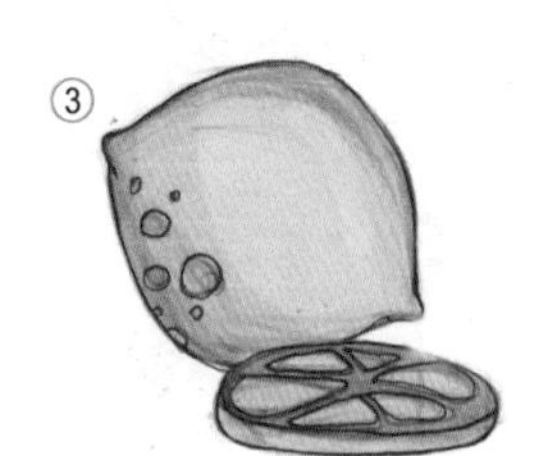

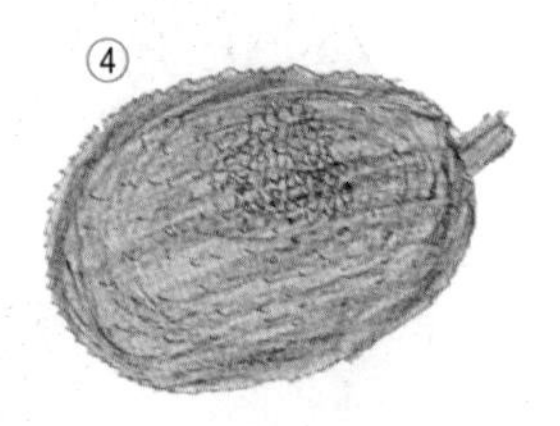

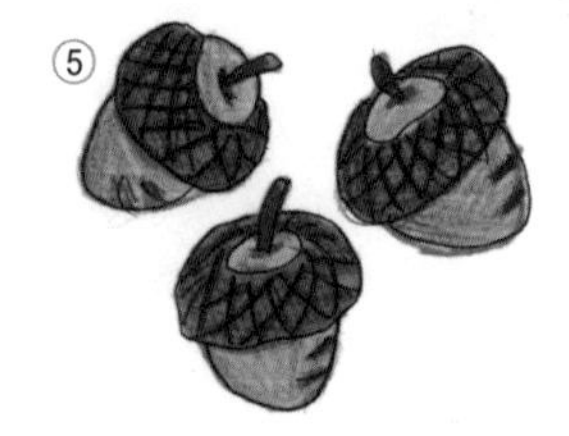

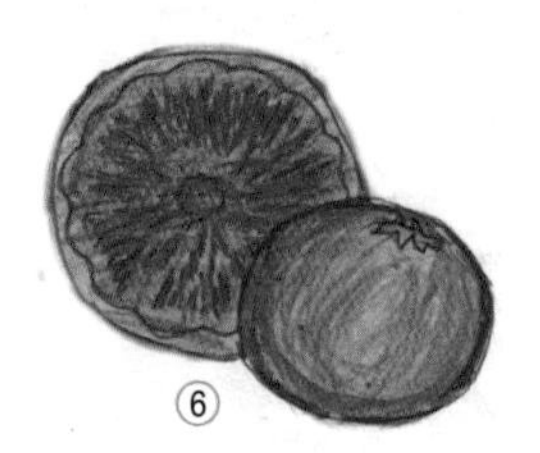

水果	Fruits	Buah-buahan
① 芒果	mango	mangga
② 梨	pear	pir
③ 柠檬	lemon	jeruk lemon
④ 菠萝蜜	jackfruit	nangka
⑤ 榛子	hazelnut	kacang hazel
⑥ 橙子	orange	jeruk

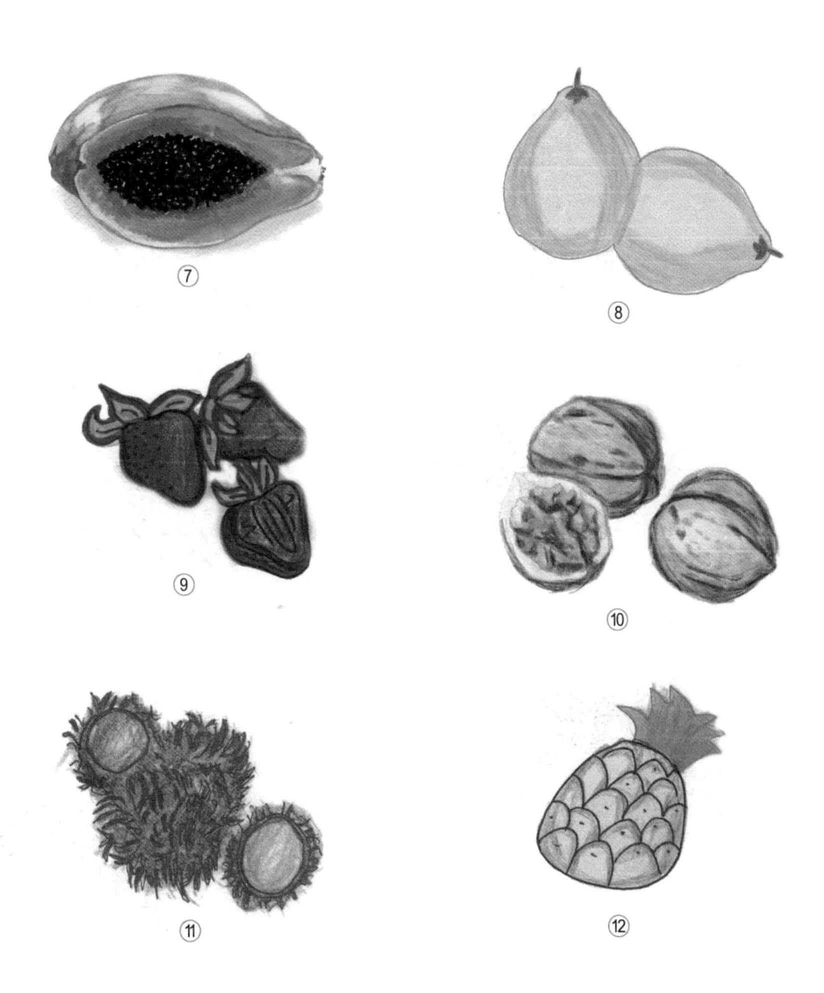

⑦	木瓜	papaya	pepaya
⑧	柚子	grapefruit	jeruk bali
⑨	草莓	strawberry	stroberi
⑩	核桃	walnut	kacang kenari
⑪	红毛丹	rambutan	rambutan
⑫	菠萝	pineapple	nanas

⑬ 葡萄	grape	anggur
⑭ 樱桃	cherry	ceri
⑮ 龙眼	longan	kelengkeng
⑯ 椰子	coconut	kelapa
⑰ 苹果	apple	apel
⑱ 枣子	jujube	kurma

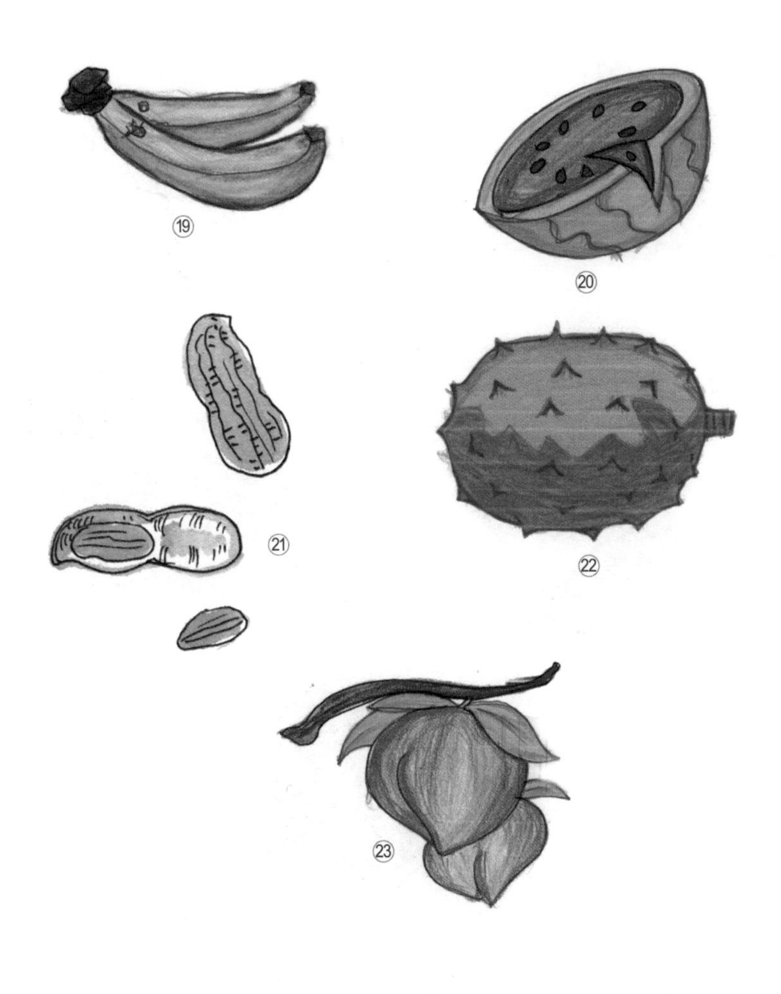

⑲	香蕉	banana	pisang
⑳	西瓜	watermelon	semangka
㉑	花生	peanut	kacang tanah
㉒	榴莲	durian	durian
㉓	桃子	peach	persik

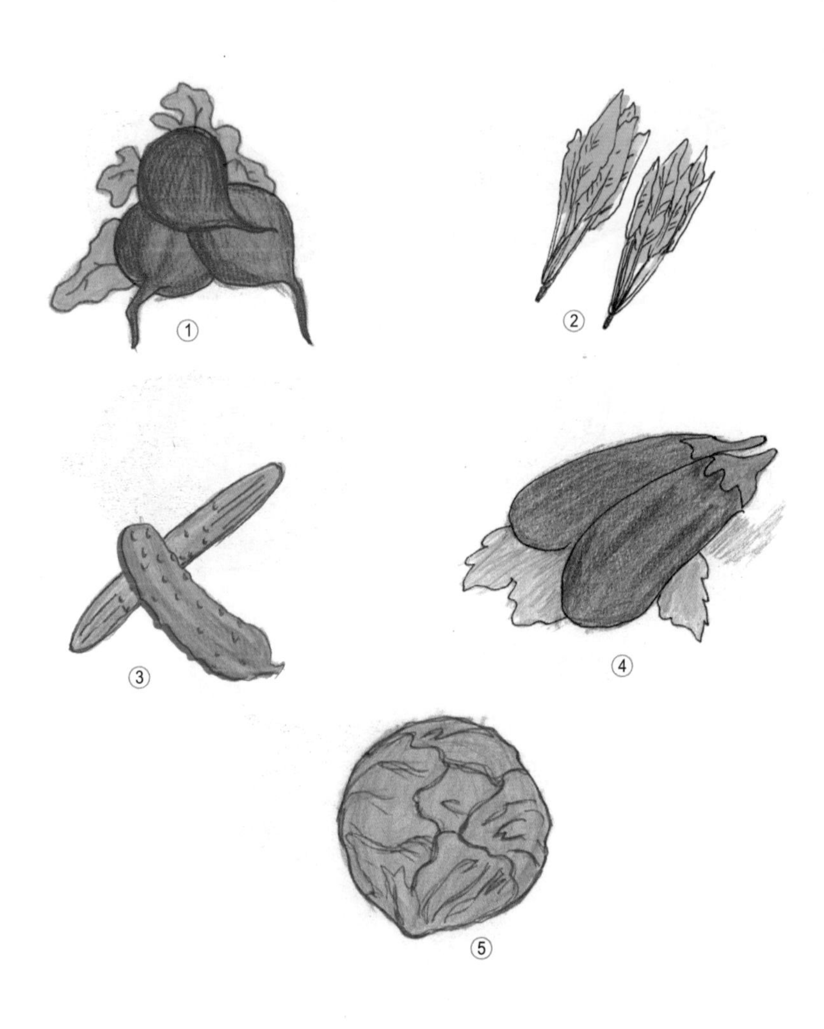

蔬菜	Vegetables	Sayuran
① 萝卜	radish	lobak
② 菠菜	spinach	bayam
③ 黄瓜	cucumber	mentimun
④ 茄子	eggplant	terung
⑤ 卷心菜	cabbage	kol

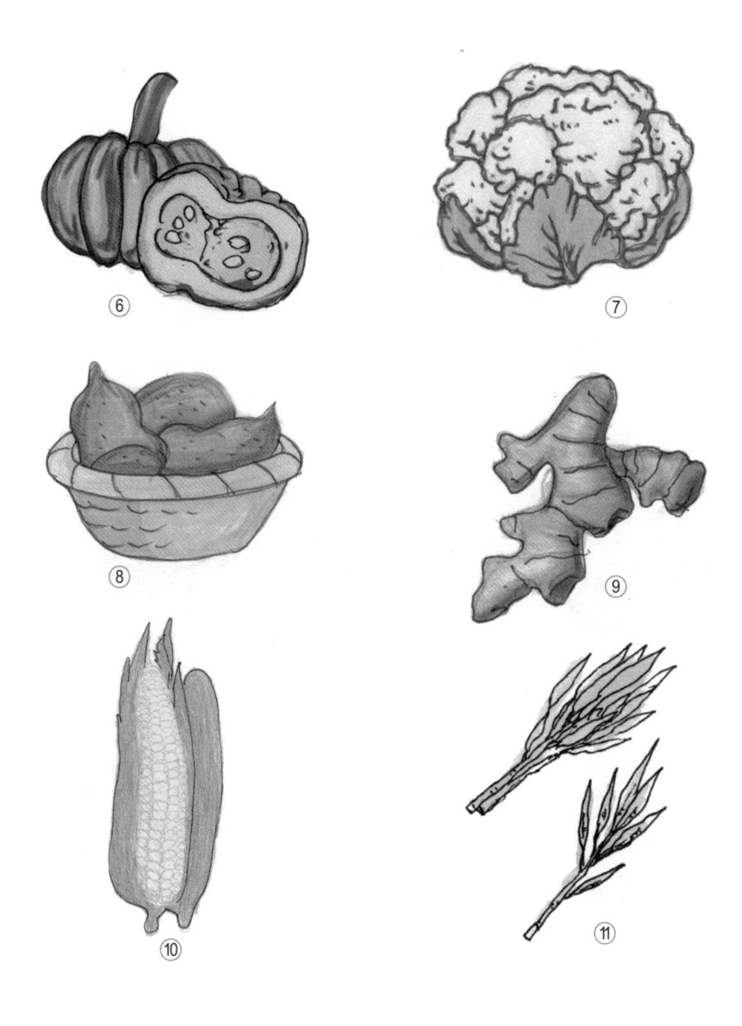

⑥	南瓜	pumpkin	labu
⑦	花椰菜	cauliflower	kembang kol
⑧	甘薯	sweet potato	ubi jalar
⑨	姜	ginger	jahe
⑩	玉米	corn	jagung
⑪	空心菜	water convolvulus	kangkung

⑫	芫荽	parsley	seledri
⑬	胡萝卜	carrot	wortel
⑭	西红柿	tomato	tomat
⑮	洋葱	onion	bawang bombai
⑯	香茅	lemongrass	serai
⑰	土豆	potato	kentang

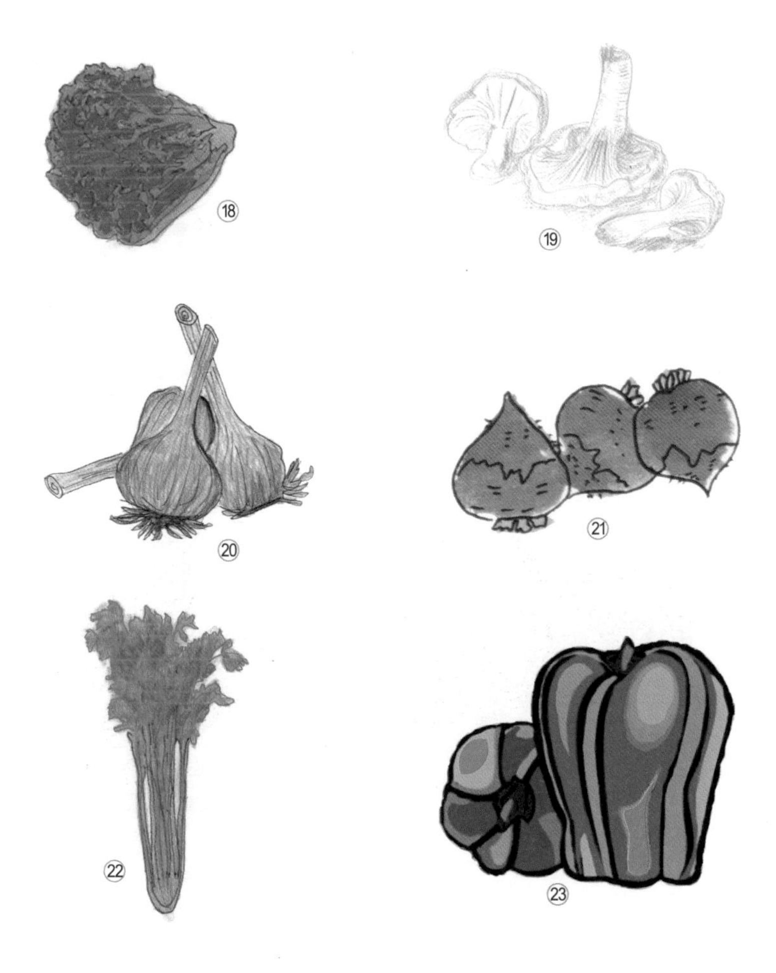

⑱ 生菜	lettuce	selada
⑲ 蘑菇	mushroom	jamur
⑳ 大蒜	garlic	bawang putih
㉑ 甜菜	beet	buah bit
㉒ 芹菜	celery	seledri besar
㉓ 青椒	green pepper	paprika hijau

①

②

③

④

家畜　Livestock　Ternak

①	山羊	goat	kambing
②	猪	pig	babi
③	水牛	buffalo	kerbau
④	骡子	mule	bagal

⑤

⑥

⑦

⑧

⑤ 马	horse	kuda
⑥ 黄牛	cattle	sapi
⑦ 绵羊	sheep	domba
⑧ 毛驴	donkey	keledai

①

②

③

④

⑤

家禽	Poultry	Unggas
① 鸭	duck	bebek
② 鸡	chicken	ayam
③ 鹌鹑	quail	burung puyuh
④ 鹅	goose	angsa
⑤ 鸽子	pigeon	merpati

海鲜	Seafood	Makanan laut
① 虾	shrimp	udang
② 鱼	fish	ikan
③ 螃蟹	crab	kepiting
④ 牡蛎	oyster	tiram
⑤ 贝壳	shell	kerang

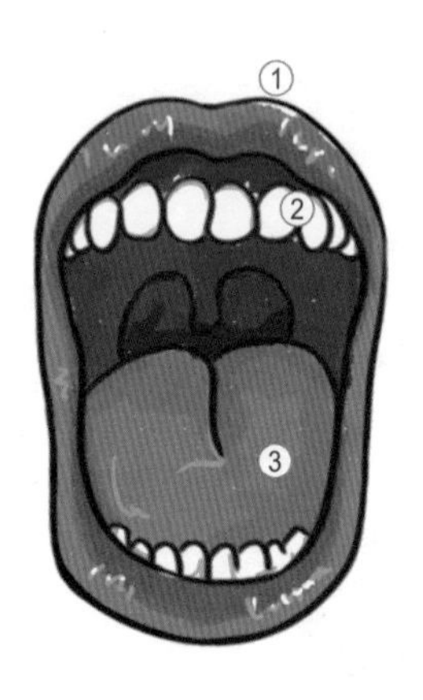

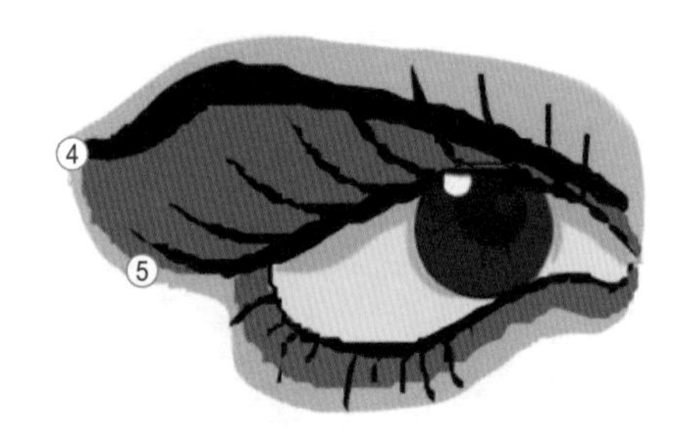

人体	Human body	Tubuh manusia
① 唇	lip	bibir
② 牙	tooth	gigi
③ 舌	tongue	lidah
④ 眉毛	eyebrow	alis mata
⑤ 睫毛	eyelash	bulu mata

⑥ 肝	liver	hati
⑦ 胃	stomach	lambung
⑧ 肠	intestine	usus

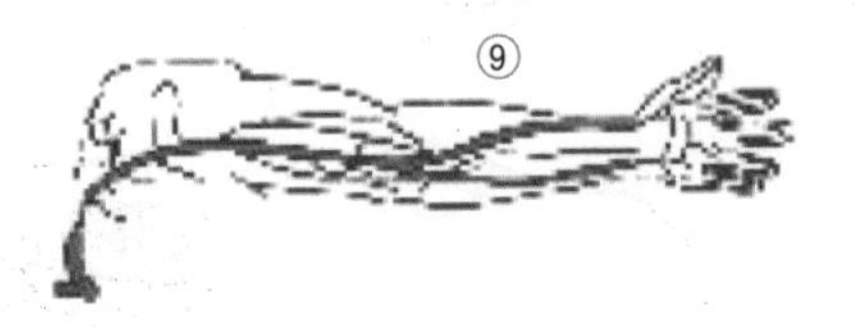

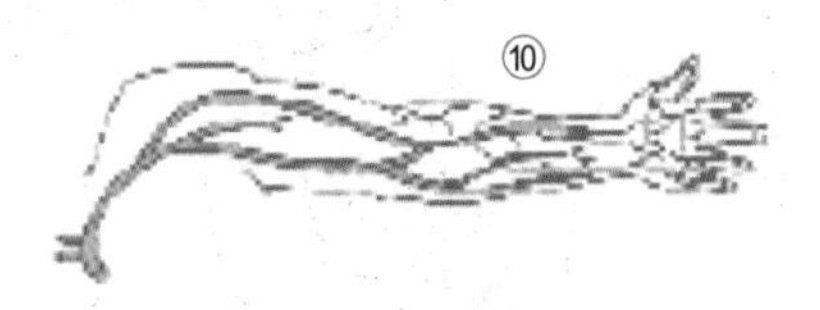

⑨	动脉	artery	arteri
⑩	静脉	vein	vena
⑪	脊椎	vertebral	tulang belakang

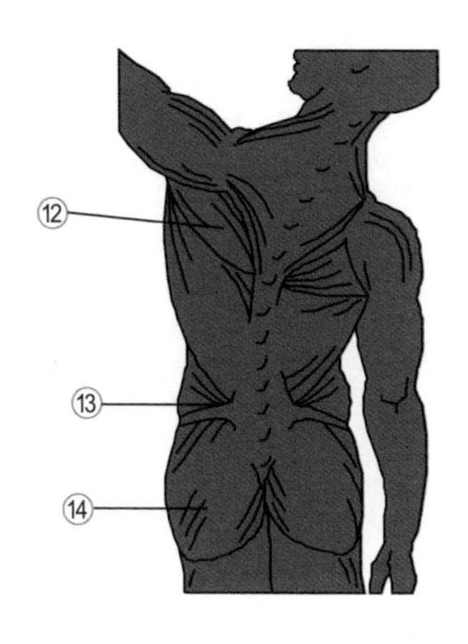

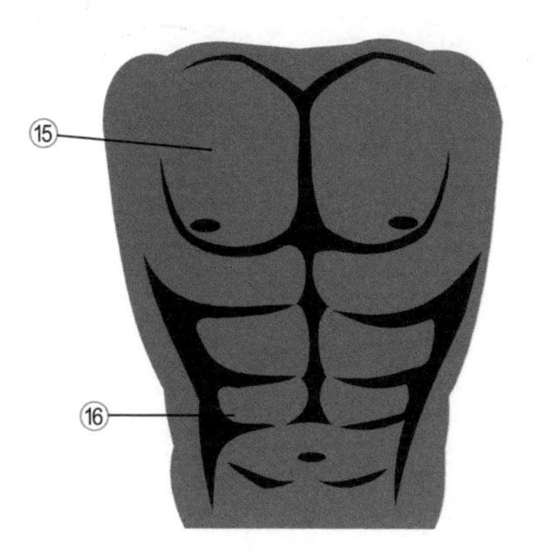

⑫	背	back	punggung
⑬	腰	waist	pinggang
⑭	臀	hip	pantat
⑮	胸	chest	dada
⑯	腹	abdomen	abdomen

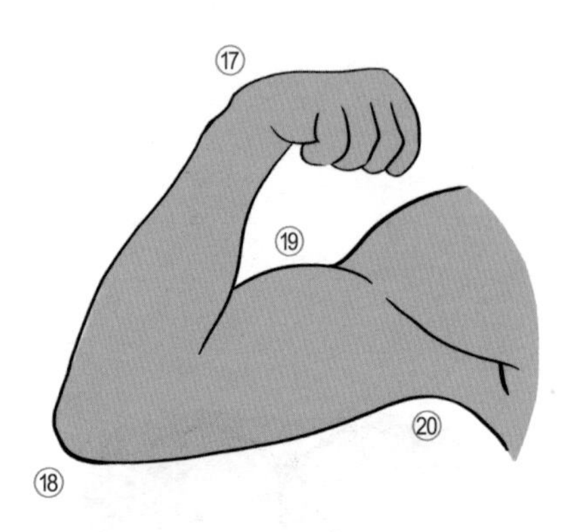

⑰	手腕	wrist	pergelangan tangan
⑱	手肘	elbow	siku
⑲	手臂	arm	lengan
⑳	腋窝	armpit	ketiak
㉑	腿	leg	paha
㉒	膝	knee	lutut

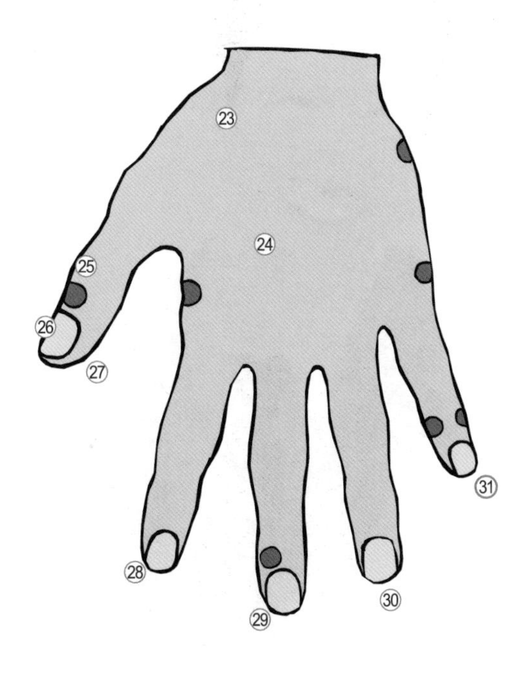

㉓	手	hand	tangan
㉔	手掌	palm	telapak
㉕	指关节	knuckle	sendi jari
㉖	手指甲	fingernail	kuku
㉗	大拇指	thumb	ibu jari
㉘	食指	index finger	jari telunjuk
㉙	中指	middle finger	jari tengah
㉚	无名指	ring finger	jari manis
㉛	小指	little finger	jari kelingking

㉜	肩膀	shoulder	bahu/pundak
㉝	脸	face	wajah
㉞	脸颊	cheek	pipi
㉟	额头	forehead	dahi
㊱	头	head	kepala
㊲	头发	hair	rambut
㊳	耳朵	ear	telinga
㊴	鼻子	nose	hidung
㊵	嘴巴	mouth	mulut
㊶	胡子	beard	janggut
㊷	下巴	chin	dagu
㊸	脖子	neck	leher

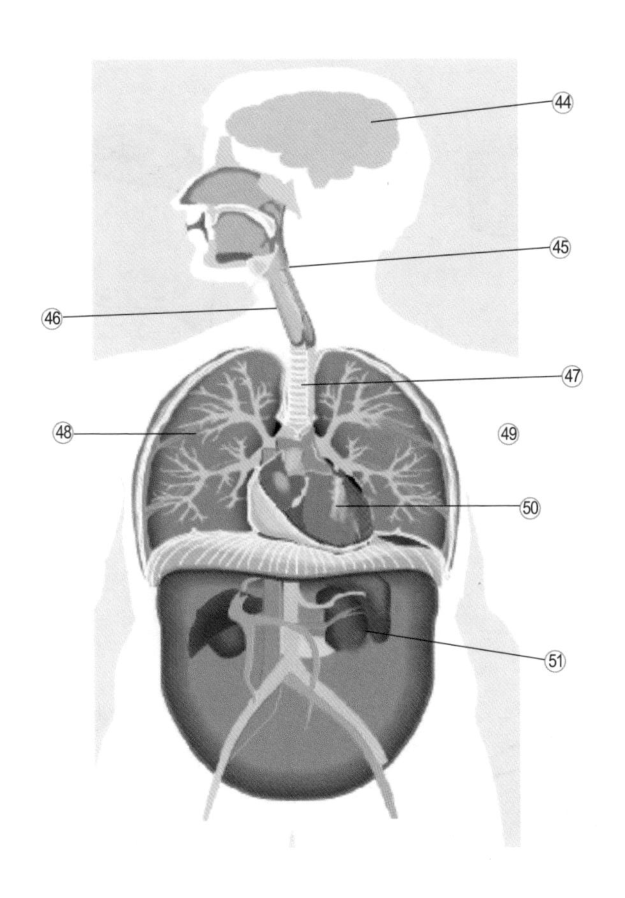

㊹ 脑	brain	otak
㊺ 食道	esophagus	kerongkongan
㊻ 喉咙	throat	tenggorokan
㊼ 气管	trachea	batang tenggorok
㊽ 肺	lung	paru-paru
㊾ 内脏	viscera	lapisan dalam
㊿ 心脏	heart	jantung
51 肾	kidney	ginjal

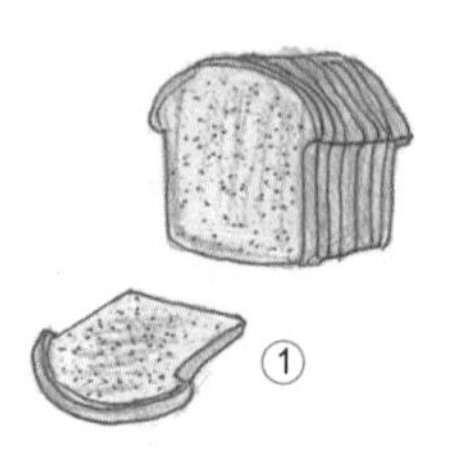

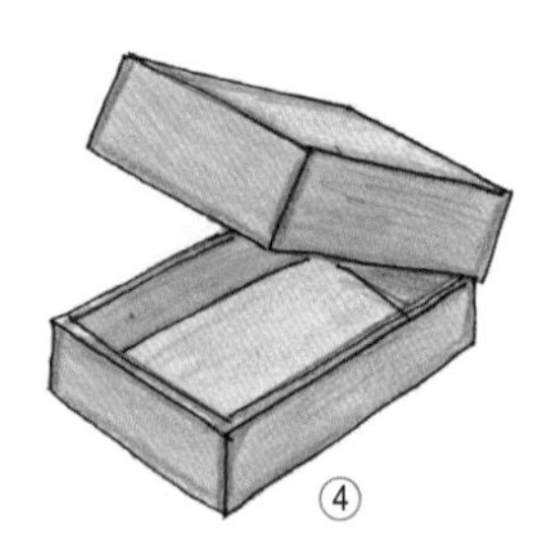

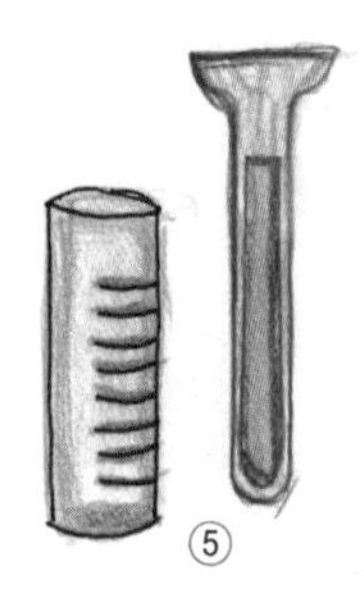

量词	Quantifiers	Kata keterangan jumlah
① 片	slice	potong
② 卷	roll	gulung
③ 袋	bag	bungkus
④ 盒	box	kotak
⑤ 管	tube	pipa

⑥ 束	bundle	ikat
⑦ 条	loaf	untai
⑧ 罐	can	kaleng
⑨ 碗	bowl	mangkuk
⑩ 瓶	bottle	botol
⑪ 杯	glass	gelas
⑫ 打	dozen	lusin

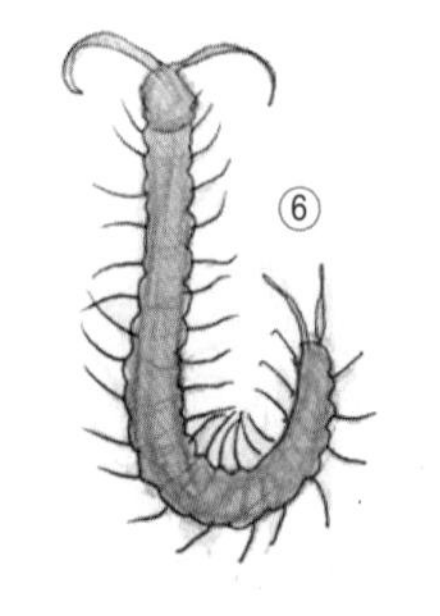

昆虫	Insects	Serangga
① 蜜蜂	bee	lebah
② 蟑螂	cockroach	kecoa
③ 蜘蛛	spider	laba-laba
④ 苍蝇	fly	lalat
⑤ 螳螂	praying mantis	belalang
⑥ 蜈蚣	centipede	lipan

⑦ 毛虫 caterpillar ulat bulu
⑧ 蝴蝶 butterfly kupu-kupu
⑨ 蚂蚁 ant semut
⑩ 蜻蜓 dragonfly capung
⑪ 蝎子 scorpion kalajengking
⑫ 蚊子 mosquito nyamuk

鸟类	Birds	Burung
① 天鹅	swan	angsa
② 麻雀	sparrow	burung pipit
③ 斑鸠	turtledove	burung tekukur
④ 孔雀	peacock	burung merak
⑤ 乌鸦	crow	burung gagak
⑥ 鸵鸟	ostrich	burung unta

⑦	鹦鹉	parrot	burung beo
⑧	猫头鹰	owl	burung hantu
⑨	海鸥	seagull	burung camar
⑩	鹧鸪	partridge	burung berkik
⑪	八哥	mynah	burung jalak

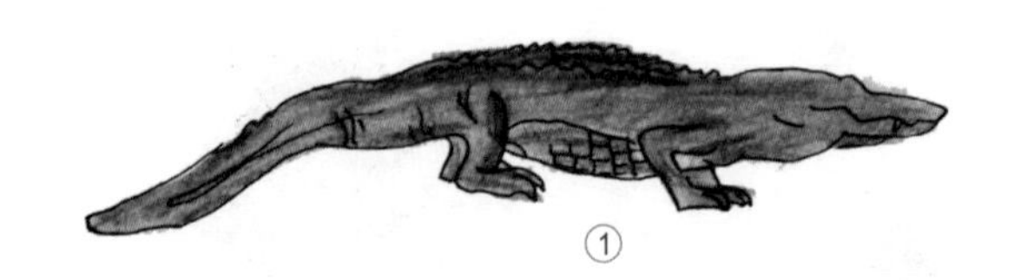

①

②

③

④

爬行动物	Reptiles	Reptilia
① 鳄鱼	crocodile	buaya
② 青蛙	frog	katak
③ 眼镜蛇	cobra	ular kobra
④ 甲鱼	soft-shelled turtle	penyu

⑤ 乌龟 turtle kura-kura
⑥ 蜥蜴 lizard biawak/kadal
⑦ 响尾蛇 rattlesnake ular derik/ular berbisa
⑧ 金环蛇 krait ular belang

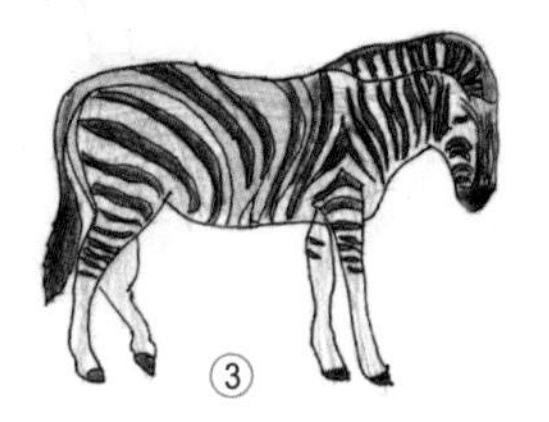

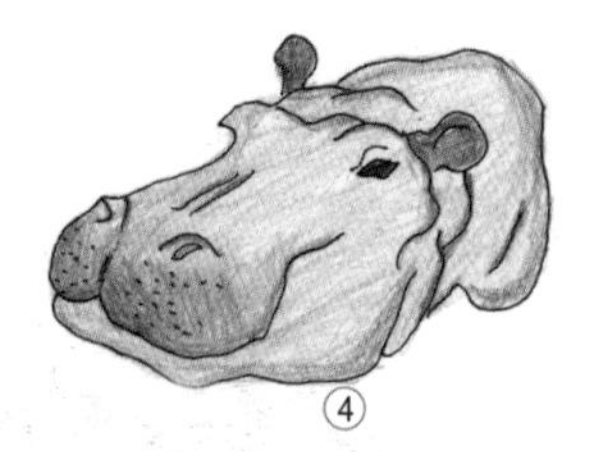

哺乳动物 Mammals Mamalia

哺乳动物	Mammals	Mamalia
① 狼	wolf	serigala
② 猫	cat	kucing
③ 斑马	zebra	zebra
④ 河马	hippopotamus	kuda nil
⑤ 狐狸	fox	rubah
⑥ 鹿	deer	rusa

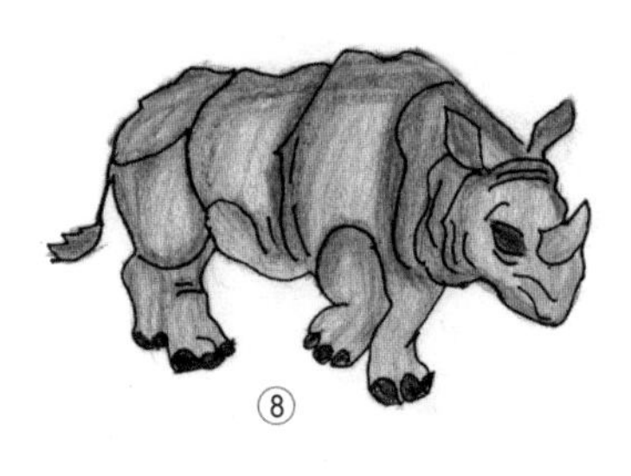

⑦ 金钱豹 leopard macan tutul
⑧ 犀牛 rhinoceros badak
⑨ 老虎 tiger harimau
⑩ 猴子 monkey monyet

⑪	蝙蝠	bat	kelelawar
⑫	豪猪	porcupine	landak
⑬	狮子	lion	singa
⑭	大象	elephant	gajah

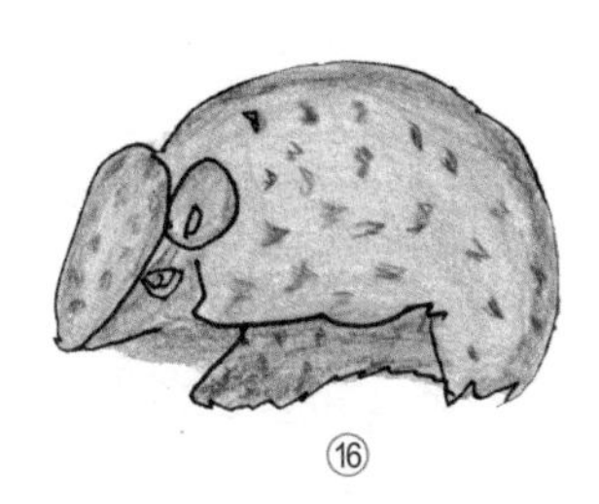

⑮ 熊	bear	beruang
⑯ 穿山甲	pangolin	trenggiling
⑰ 松鼠	squirrel	tupai
⑱ 袋鼠	kangaroo	kanguru

家庭成员	Family members	Anggota keluarga
① 妻子	wife	istri
② 丈夫	husband	suami
③ 父亲	father	ayah
④ 母亲	mother	ibu
⑤ 女孩	girl	gadis

⑥	哥哥	brother	saudara laki-laki
⑦	男孩	boy	anak laki-laki
⑧	姐姐	sister	saudara perempuan
⑨	婴儿	baby	bayi

⑩	祖父 / 母	grandpa/grandma	kakek/nenek
⑪	外祖父 / 母	grandpa/grandma	kakek/nenek
⑫	姨妈、婶婶	aunt	bibi/tante
⑬	舅舅、叔叔	uncle	paman/om

⑭ 姐夫、妹夫	brother in law	ipar laki-laki
⑮ 嫂嫂、弟媳	sister in law	ipar perempuan
⑯ 小姨子	wife's younger sister	adik perempuan istri
⑰ 小叔子	husband's brother	saudara laki-laki suami
⑱ 侄儿 / 女	nephew /niece	keponakan

①

②

③

④

⑤

个人证件 Personal documents Dokumen pribadi

① 护照	passport	paspor
② 工作证	employee’s card	kartu pegawai
③ 学生证	student ID card	kartu tanda mahasiswa
④ 驾驶证	driving license	Surat Izin Mengemudi (SIM)
⑤ 身份证	identity card	Kartu Tanda Penduduk (KTP)

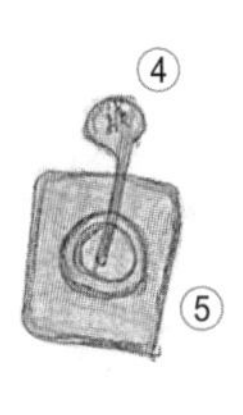

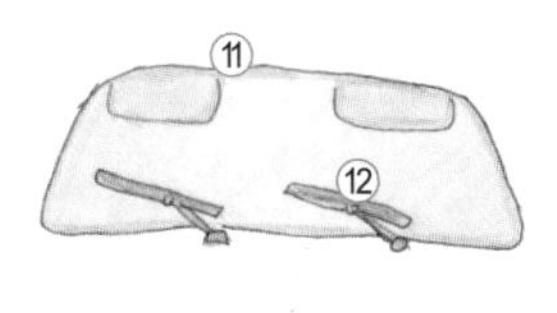

车	Car	Mobil
① 后视镜	rearview mirror	kaca spion
② 轮胎	tyre	roda/ban
③ 牌照	license plate	plat nomor/lisensi
④ 变速杆	gear	persneling
⑤ 变速器	transmission	bak persneling
⑥ 离合器	clutch	kopling
⑦ 刹车	brake	rem
⑧ 油门	accelerator	pedal gas/akselerator
⑨ 安全带	seat belt	sabuk pengaman
⑩ 方向盘	steering	setir/kemudi
⑪ 遮阳板	visor	kaca depan
⑫ 雨刷	wiper	kipas air

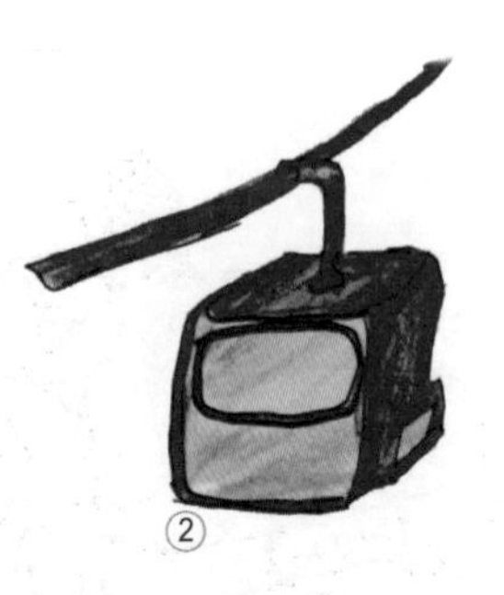

交通工具	Transportation	Transportasi
① 皮卡车	pickup truck	truk pikap
② 缆车	tram (cable car)	kereta gantung
③ 客车	passenger car	bus
④ 自行车	bicycle	sepeda
⑤ 吉普车	jeep	jip

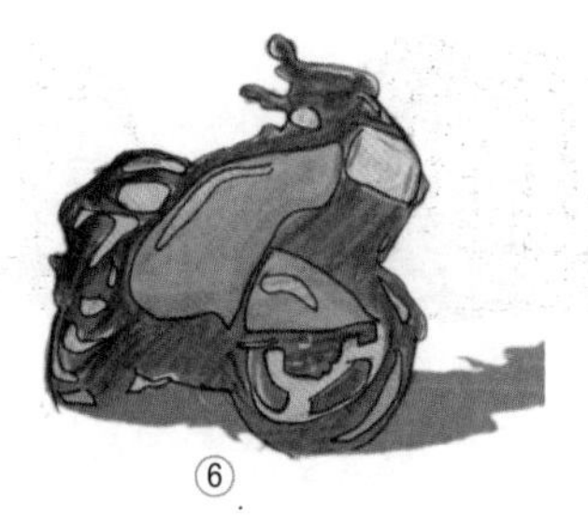

⑥

⑦

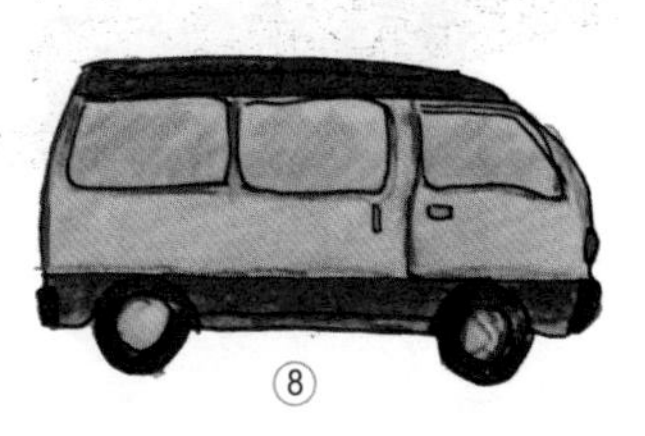

⑧

⑥	摩托车	motorcycle	motor
⑦	跑车	sports car	mobil sport
⑧	面包车	van	minibus

⑨

⑩

⑪

⑫

⑬

⑨	公共汽车	bus	bus umum
⑩	卡车	truck (lorry)	truk
⑪	火车	train	kereta api
⑫	轿车	motorcar	mobil
⑬	出租车	taxi	taksi

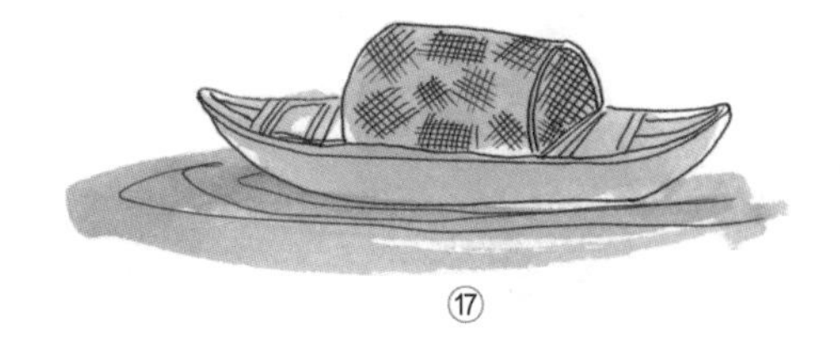

⑭	飞机	plane	pesawat terbang
⑮	轮船	steamship	kapal
⑯	地铁	subway	kereta api bawah tanah
⑰	船	boat	perahu

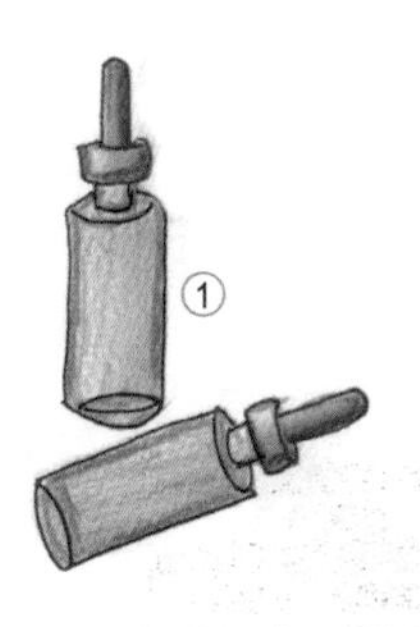

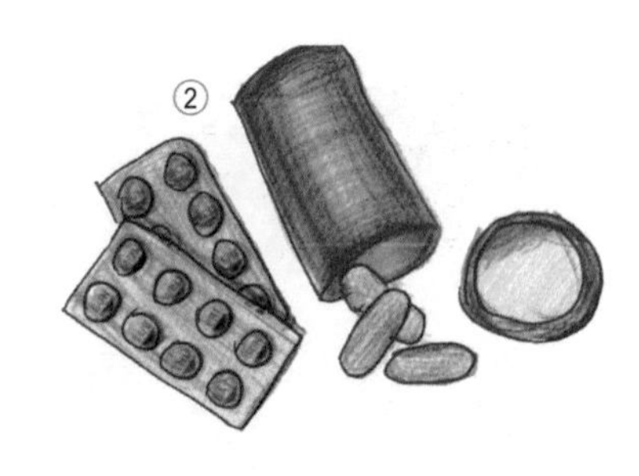

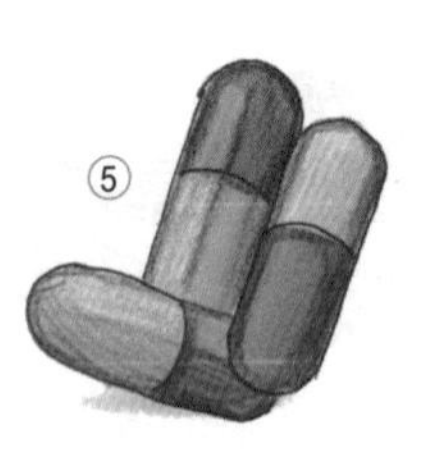

医疗	Treatment	Di rumah sakit
① 眼药水	eye drops	obat tetes mata
② 药品	medicine	obat
③ 医生	doctor	dokter
④ 药膏	ointment	obat salep/salep
⑤ 胶囊	capsule	kapsul
⑥ 护士	nurse	perawat

⑦ 针剂	injection	obat suntik
⑧ 药片	tablet	tablet
⑨ 手术	surgery	operasi
⑩ 药方	prescription	resep
⑪ 注射	injection	injeksi/suntik

疾病及损伤 Diseases and injuries Penyakit dan cedera

①	感冒	cold	pilek
②	背疼	sore back	sakit punggung
③	头疼	headache	sakit kepala
④	感染	infection	infeksi
⑤	骨折	fracture	patah tulang
⑥	牙疼	toothache	sakit gigi

⑦ 青肿	bruise	memar
⑧ 发烧	fever	demam
⑨ 喉咙疼	sore throat	sakit tenggorokan
⑩ 扭伤	sprain	keseleo/terkilir
⑪ 胃疼	stomachache	sakit mag
⑫ 高血压	hypertension	sakit darah tinggi (hipertensi)

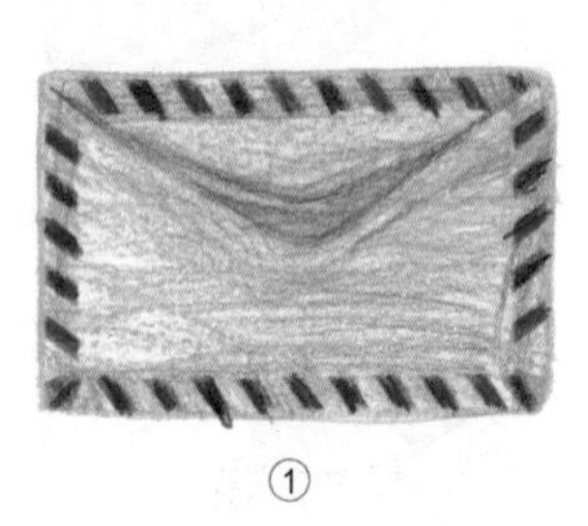

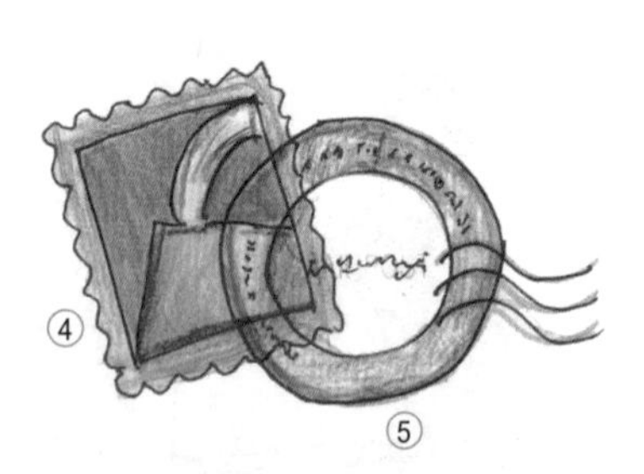

邮政局	Post office	Kantor pos
① 信封	envelope	amplop
② 胶带	tape	plester
③ 包裹	package	paket
④ 邮票	stamp	prangko
⑤ 邮戳	postmark	stempel pos
⑥ 信	letter	surat

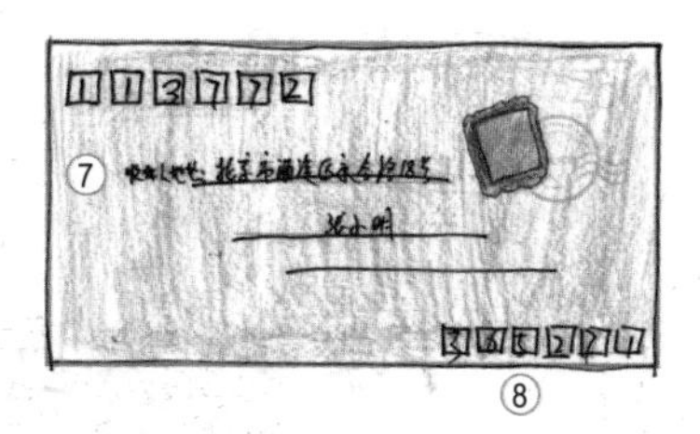

⑦	地址	address	alamat
⑧	邮政编码	postcode	kode pos
⑨	明信片	postcard	kartu pos
⑩	信箱	mail box	kotak surat

图书馆	Library	Perpustakaan
① 地图	map	atlas/peta
② 借书服务台	loan desk	bagian peminjaman
③ 百科全书	encyclopedia	ensiklopedia
④ 询问处	enquiry counter	bagian informasi
⑤ 图书馆管理员	librarian	pustakawan

⑥	期刊部	periodical department	bagian terbitan berkala
⑦	陈列室	exhibition room	ruang pameran
⑧	杂志	magazine	majalah
⑨	字典	dictionary	kamus
⑩	借阅证	library card	kartu perpustakaan

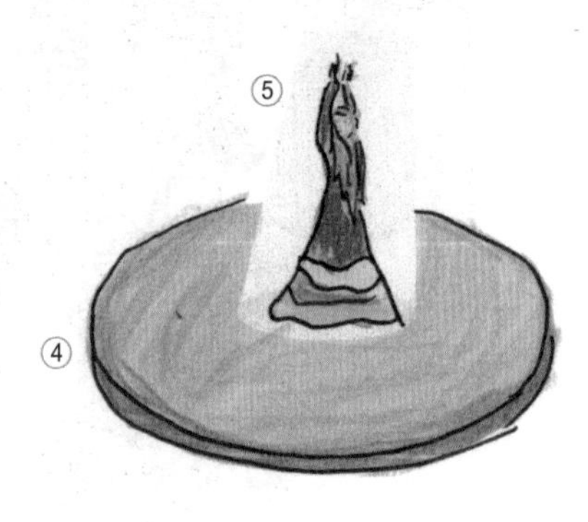

剧院	Theater	Teater
① 指挥家	conductor	konduktor
② 合唱	chorus	paduan suara
③ 唱歌	sing	bernyanyi/menyanyi
④ 舞台	stage	panggung
⑤ 跳舞	dance	menari

⑥ 节目单 program list daftar acara
⑦ 乐队 band band/orkes
⑧ 观众 audience penonton

学校 School Kampus/sekolah

① 礼堂	hall	auditorium
② 实验室	laboratory	laboratorium
③ 医务室	clinic	klinik
④ 教学楼	teaching building	gedung sekolah

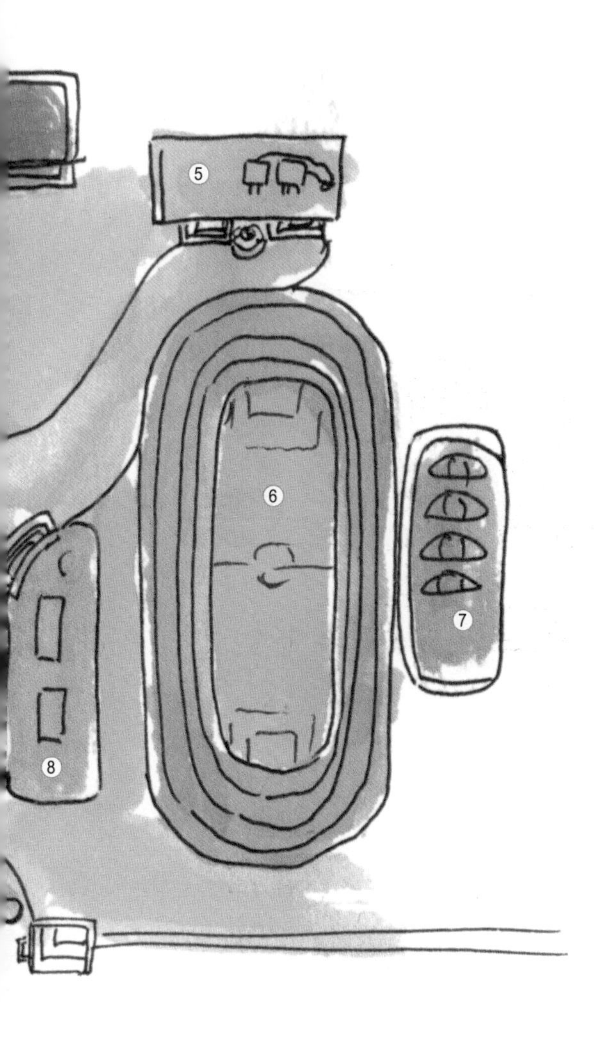

⑤	宿舍	dormitory	asrama
⑥	操场	playground	lapangan
⑦	体育馆	stadium	stadion
⑧	食堂	canteen	kantin/restoran

教室 Classroom Ruang kelas

① 黑板	blackboard	papan tulis
② 校长	headmaster	kepala sekolah/rektor
③ 教科书	text book	buku pelajaran
④ 粉笔	chalk	kapur tulis

⑤	学生	student	murid/siswa/mahasiswa
⑥	橡皮擦	eraser	menghapus
⑦	尺子	ruler	penggaris
⑧	老师	teacher	guru/dosen
⑨	同学	classmate	teman sekelas
⑩	胶水	glue	lem
⑪	铅笔	pencil	pensil/potlot
⑫	图钉	thumbtack	paku payung
⑬	圆珠笔	ballpoint pen	bolpoin/pulpen

学习 Learning Belajar

① 打字	type	mengetik
② 举手	raise hand	mengangkat tangan
③ 写	write	menulis
④ 听	listen	mendengar

⑤	画	paint/draw	mengambar
⑥	擦	erase	menghapvs
⑦	触摸、碰	touch	menyentuh
⑧	读	read	membaca

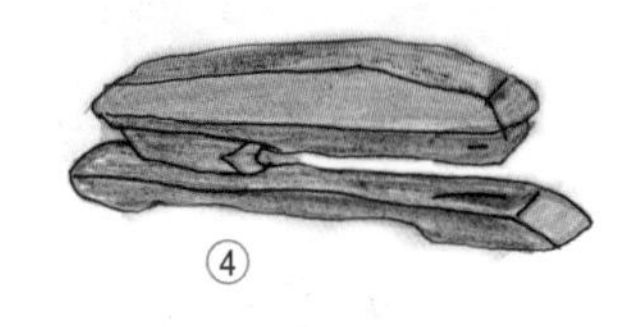

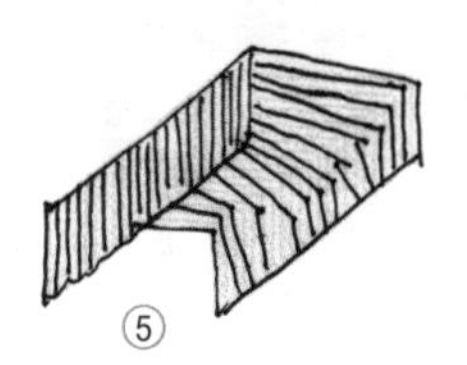

办公用品　Office supplies　Peralatan kantor

	办公用品	Office supplies	Peralatan kantor
①	涂改液	correction fluid	cairan pengoreksi
②	打字机	typewriter	mesin tik
③	笔记本	notebook	buku catatan
④	订书机	stapler	alat penjilid/stapler
⑤	订书针	stick needle	staples
⑥	便利贴	sticky note	kertas tempel

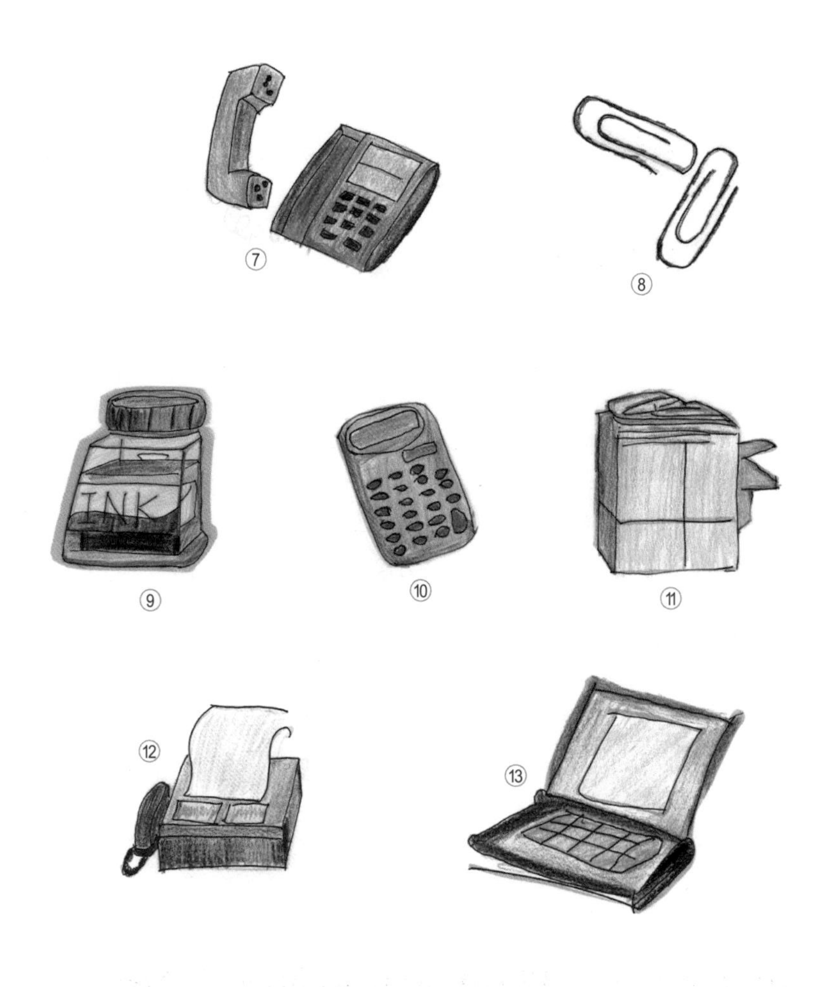

⑦ 电话	phone	telepon
⑧ 曲别针	paper clip	klip kertas
⑨ 墨水	ink	tinta
⑩ 计算器	calculator	kalkulator/mesin hitung
⑪ 复印机	copier (photostat machine)	mesin fotokopi/duplikator
⑫ 传真机	fax machine	mesin faks
⑬ 电脑	computer	komputer

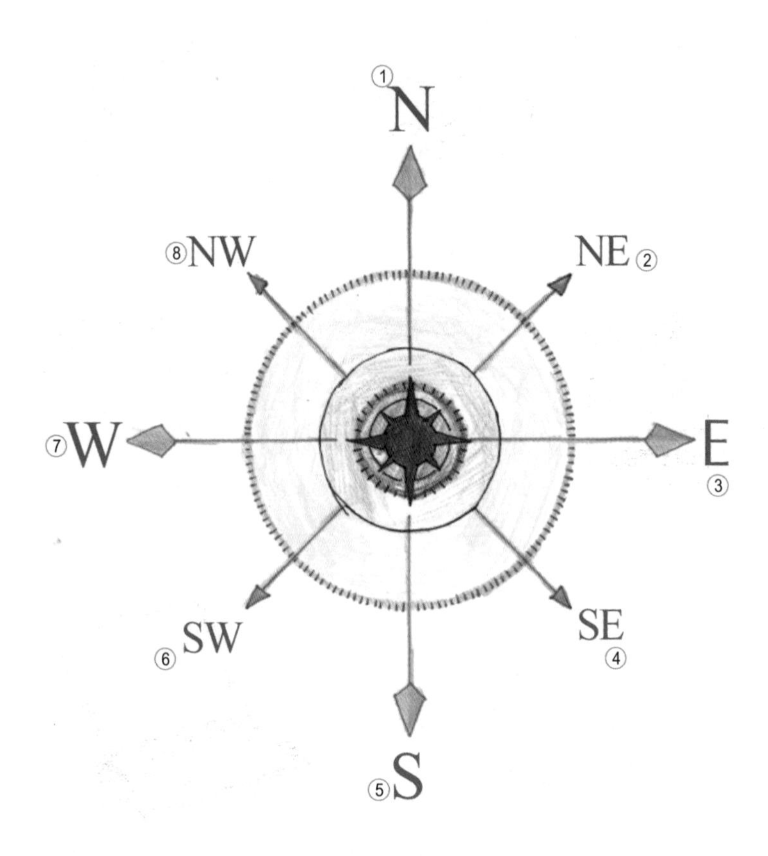

方向及方位词　Directions and positions　Arah

① 北	north	utara
② 东北	northeast	timur laut
③ 东	east	timur
④ 东南	southeast	tenggara
⑤ 南	south	selatan
⑥ 西南	southwest	barat daya
⑦ 西	west	barat
⑧ 西北	northwest	barat laut

⑨ 在……下面	below/under	di bawah
⑩ 在……上面	above/on	di atas
⑪ 在……外面	out	di luar
⑫ 在……里面	in	di dalam

⑮

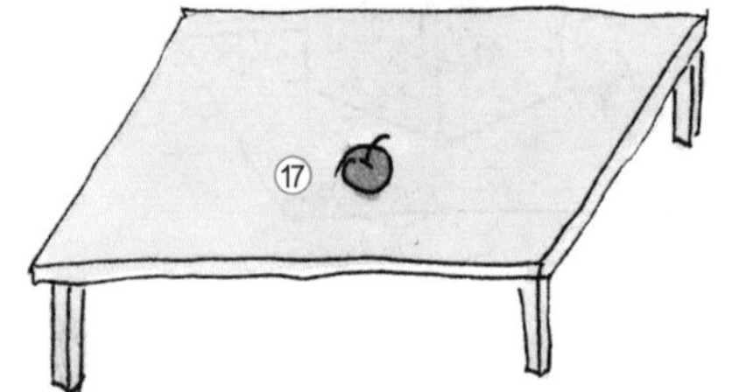

⑬	在……前面	in front of	di depan
⑭	在……后面	behind	di belakang
⑮	在……对面	opposite	di seberang/di balik
⑯	那儿	there	di sana
⑰	这儿	here	di sini

⑱	左侧	on the left	di kiri
⑲	右侧	on the right	di kanan
⑳	在……之间	between…and	di tengah/di antara
㉑	在……旁边	next to	di sebelah/di samping
㉒	在……附近	near	di dekat

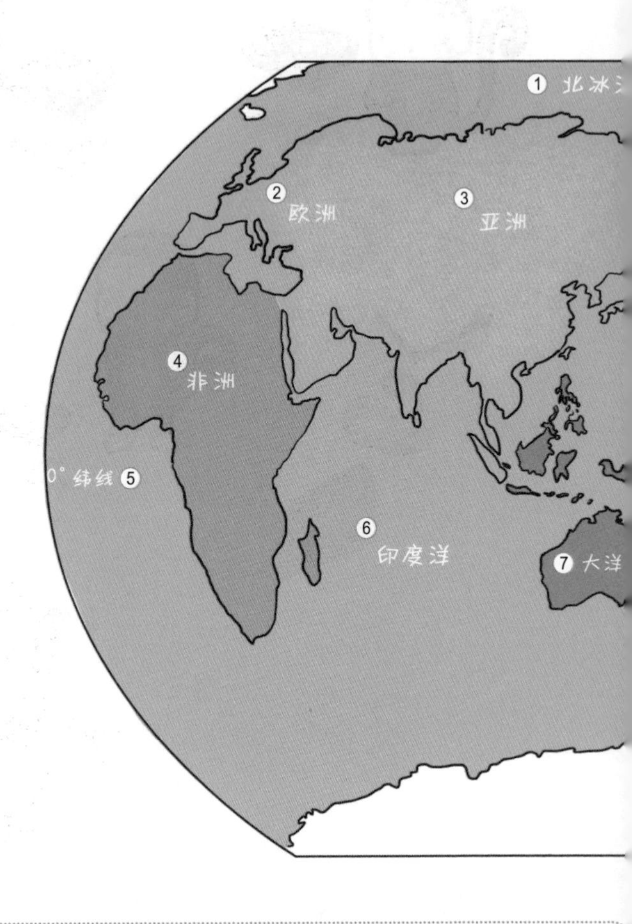

大洲与大洋	Continents and Oceans	Benua dan samudra
① 北冰洋	the Arctic Ocean	Samudra Arktik
② 欧洲	Europe	Eropa
③ 亚洲	Asia	Asia
④ 非洲	Africa	Afrika
⑤ 纬线	latitude line	garis lintang
⑥ 印度洋	the Indian Ocean	Samudra Hindia
⑦ 大洋洲	Oceania	Kepulauan Pasifik

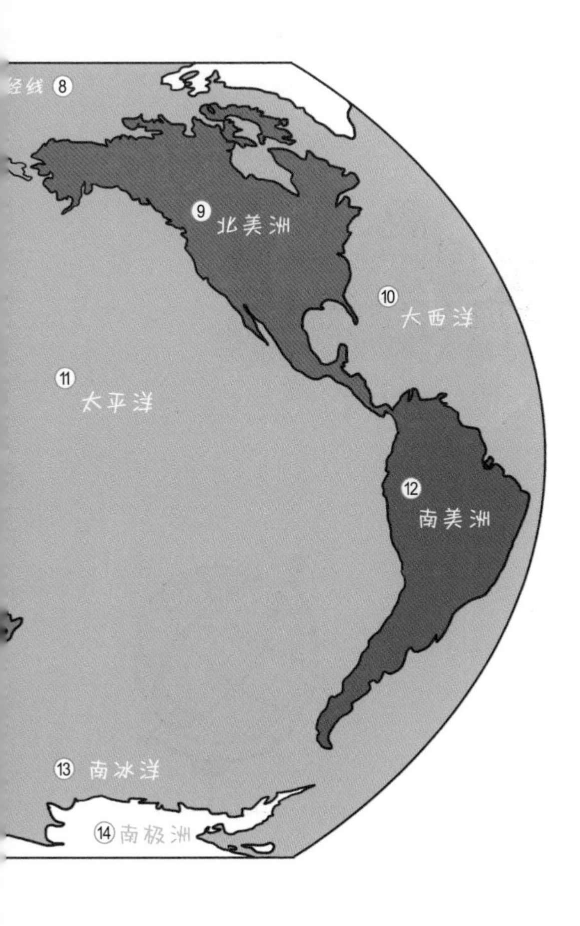

⑧ 经线	meridian line	garis bujur
⑨ 北美洲	North America	Amerika Utara
⑩ 大西洋	the Atlantic Ocean	Samudra Atlantik
⑪ 太平洋	the Pacific Ocean	Samudra Pasifik
⑫ 南美洲	South America	Amerika Selatan
⑬ 南冰洋	the Antarctic Ocean	Samudra Antartika
⑭ 南极洲	Antarctica	Antartika

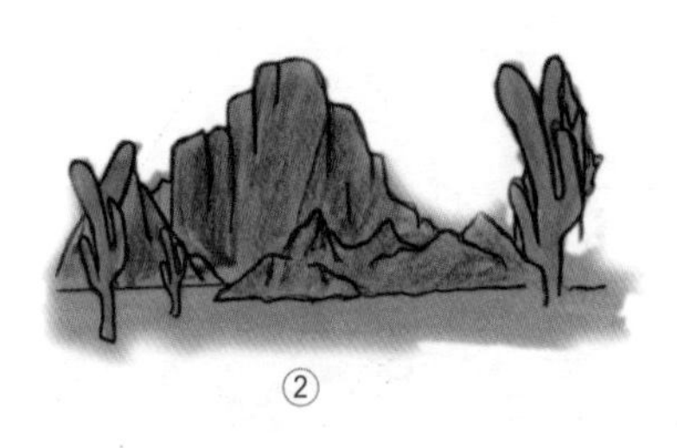

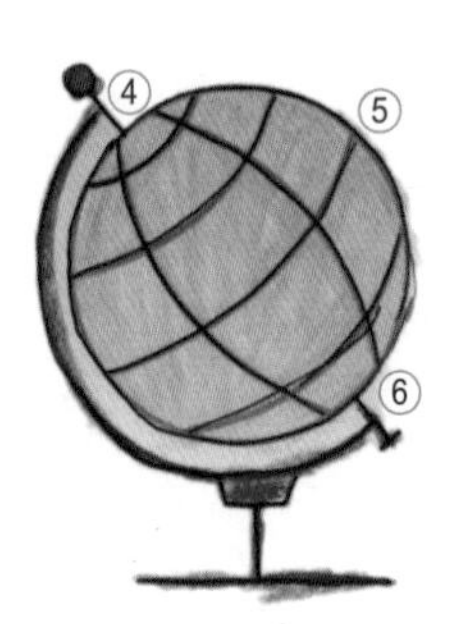

地形地貌	Topography	Topografi
① 海洋	ocean	samudra
② 沙漠	desert	padang pasir
③ 河流	river	sungai
④ 北极	the North Pole	kutub utara
⑤ 赤道	the equator	khatulistiwa
⑥ 南极	the South Pole	kutub selatan

⑦	山脉	mountain	gunung
⑧	平原	plain	dataran
⑨	高原	plateau	dataran tinggi
⑩	山区	mountain area	pegunungan

能源	Energy	Energi
① 石油	petroleum	minyak bumi
② 汽油	gasoline	bensin
③ 柴油	diesel oil	solar/diesel
④ 机油	engine oil	oli mesin

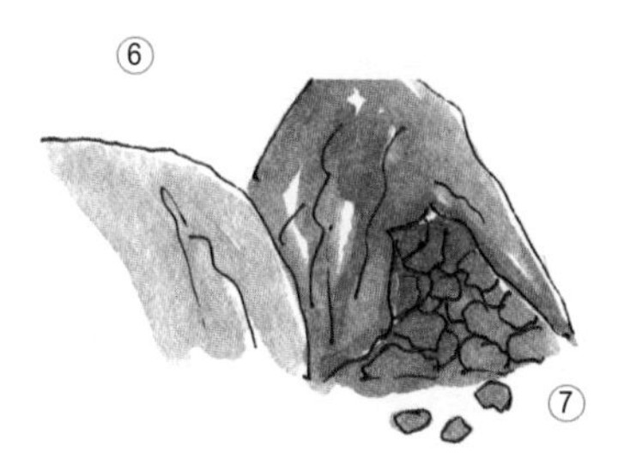

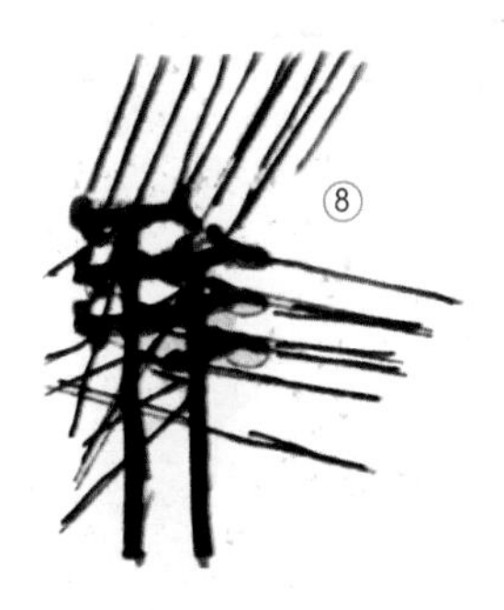

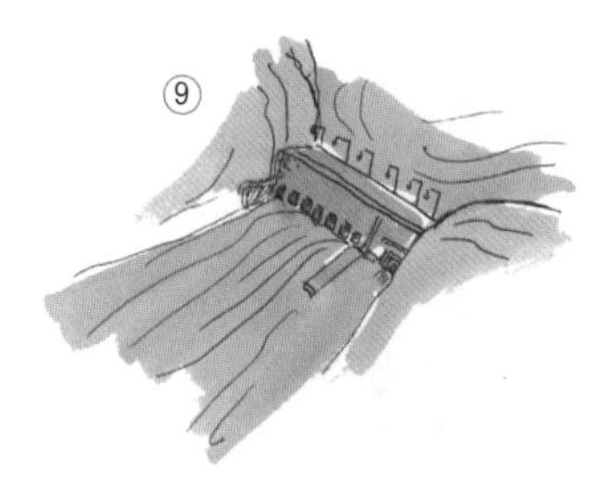

⑤ 天然气	gas	gas
⑥ 矿产	mineral	mineral
⑦ 煤	coal	batu bara
⑧ 电	electricity	listrik
⑨ 水电站	hydropower station	pembangkit listrik tenaga air

职业	Occupations	Profesi
① 律师	lawyer	pengacara/advokat
② 保安	guard	penjaga keamanan / satpam
③ 导游	tour guide	pramuwisata/Pemandu wisata
④ 电工	electrician	montir listrik
⑤ 工程师	engineer	insinyur

⑥	公务员	civil servant	pegawai negeri
⑦	服务员	waiter	pelayan
⑧	翻译员	interpreter	penerjemah
⑨	播音员	announcer	penyiar

⑩	推销员	salesman	penjual
⑪	会计	accountant	akuntan
⑫	警察	policeman	polisi
⑬	科学家	scientist	ilmuwan
⑭	教授	professor	profesor
⑮	裁缝	tailor	tukang jahit/penjahit

⑯	军人	soldier	tentara
⑰	主持人	host	pembawa acara
⑱	经理	manager	manajer
⑲	家庭主妇	housewife	ibu rumah tangga
⑳	理发师	barber	tukang cukur/tukang potong rambut

㉑ 职员 staff karyawan
㉒ 作家 writer penulis
㉓ 木匠 carpenter tukang kayu
㉔ 外交官 diplomat diplomat
㉕ 企业家 entrepreneur pengusaha

㉖	演员	actor	aktor
㉗	工人	worker	buruh
㉘	技师	technician	juru teknik/mekanik/montir
㉙	记者	journalist	wartawan

㉚	修理工	repairman	tukang reparasi
㉛	清洁工	cleaner	petugas kebersihan
㉜	秘书	secretary	sekretaris
㉝	司机	driver	sopir/pengemudi

㉞ 设计师	designer	perancang/desainer
㉟ 模特	model	model
㊱ 艺术家	artist	seniman

①

②

③

④

⑤

公共场所 Public places Tempat umum

① 广场	square	alun-alun
② 动物园	zoo	kebun binatang
③ 公园	park	taman
④ 工厂	factory	pabrik
⑤ 游乐园	amusement park	taman hiburan

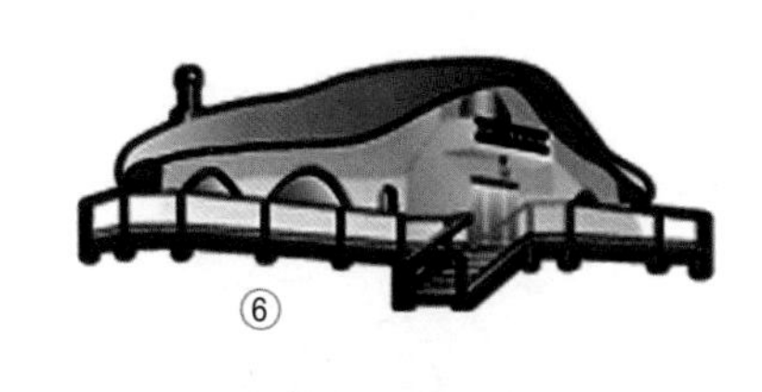

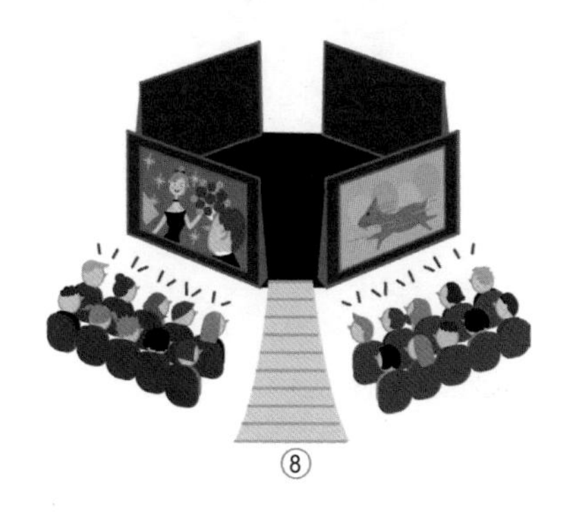

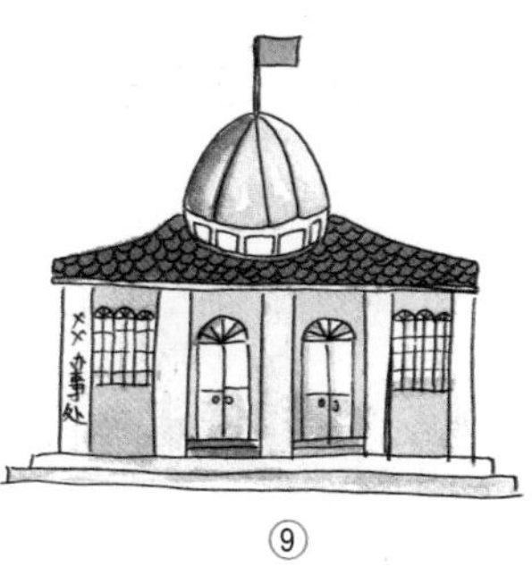

⑥	博物馆	museum	museum
⑦	海关	customs	bea cukai
⑧	电影院	cinema	bioskop
⑨	办事处	office	kantor
⑩	饭店	restaurant	restoran

⑪ 理发店	barbershop	tempat pangkas rambut/salon
⑫ 酒吧	pub	bar
⑬ 火车站	train station	stasiun kereta api
⑭ 酒店	hotel	hotel

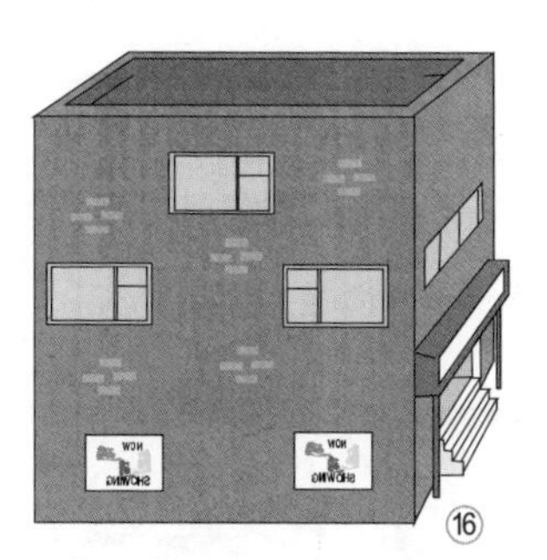

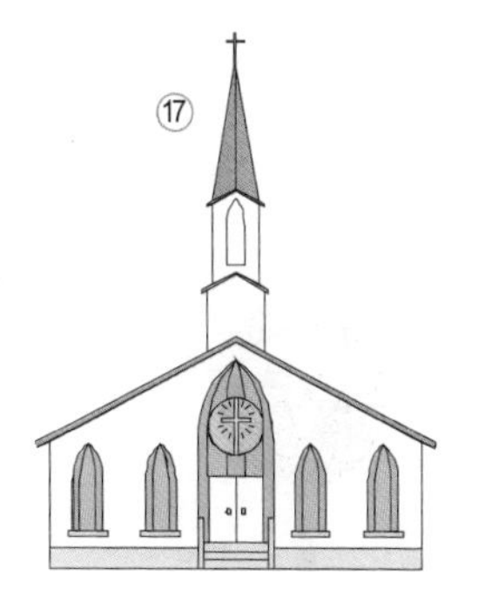

⑮	飞机场	airport	bandara
⑯	俱乐部	club	klub malam
⑰	教堂	church	gereja
⑱	居民区	residential areas	kawasan hunian/permukiman

⑲

⑳

㉑

㉒

⑲	银行	bank	bank
⑳	医院	hospital	rumah sakit
㉑	学校	school	sekolah
㉒	公共汽车站	bus station	terminal

㉓

㉔

㉕

㉖

㉓	市场	market	pasar
㉔	停车场	parking lot	tempat parkir
㉕	码头	wharf	pelabuhan
㉖	商店	store	supermarket

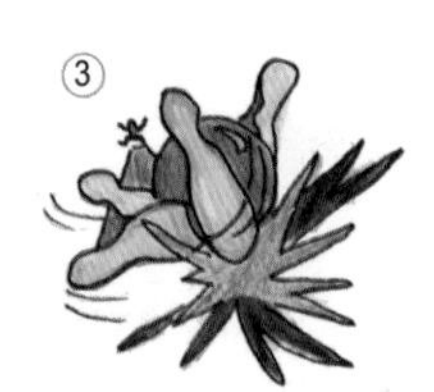

球类运动	Ball games	Permainan bola
① 棒球	baseball	baseball
② 乒乓球	table tennis	tenis meja
③ 保龄球	bowling	bowling
④ 垒球	softball	softball
⑤ 篮球	basketball	bola basket
⑥ 曲棍球	hockey	hoki

⑦	足球	football	sepak bola
⑧	高尔夫球	golf	golf
⑨	排球	volleyball	bola voli
⑩	藤球	rattan ball	sepak takraw
⑪	羽毛球	badminton	bulu tangkis
⑫	网球	tennis	tenis

其他运动 Other sports Olahraga

① 跳水	dive	menyelam
② 体操	gymnastics	senam
③ 游泳	swim	berenang
④ 击剑	fencing	anggar
⑤ 赛马	horse racing	pacuan kuda

⑥	举重	weightlifting	angkat berat/angkat beban
⑦	射击	shooting	menembak
⑧	赛龙舟	dragon-boat racing	dayung perahu naga
⑨	拳击	boxing	tinju

运动动词　Sports verbs　Verba gerak

① 跑	run	lari
② 骑	ride	mengendarai/naik
③ 滑（雪）	ski	ski
④ 潜水	dive	menyelam

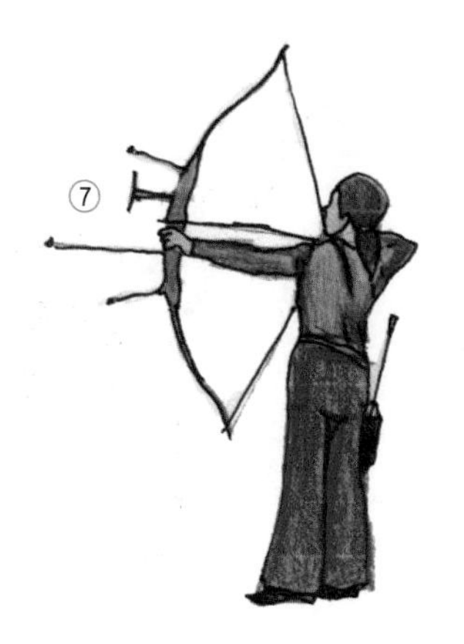

⑤ 驾驶	drive	menyopir
⑥ 接（球）	catch	menangkap
⑦ 射	shot	memanah

⑧	发（球）	serve	menyervis
⑨	摔	fall	jatuh
⑩	传	pass	mengoper
⑪	踢	kick	menendang

⑫ 运（球）	dribble	mendribel
⑬ 投（球）	pitch	melempar
⑭ 跳	jump	melompat
⑮ 打	hit	memukul

电子器材与配件 Electronic equipments and accessories Peralatan elektronik

① 闪光灯	flash light	sinar kamera
② 数码相机	camera digital	kamera digital
③ 镜头	camera lens	lensa
④ 相片	picture	foto

⑤ 照相机 camera kamera
⑥ 胶卷 film film
⑦ 充电器 charger pengisi baterai
⑧ 摄影机 video camera kamera video
⑨ 三脚架 tripod tripod

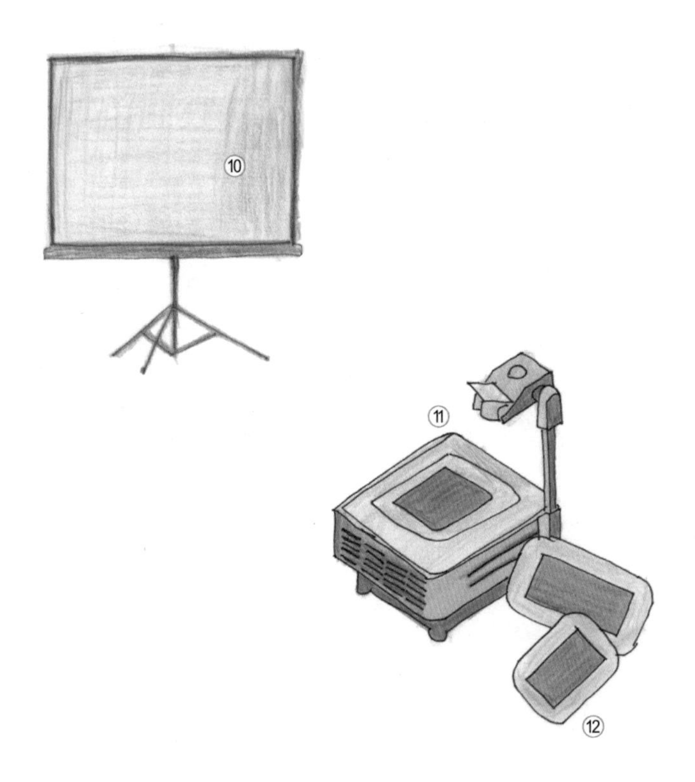

⑩	屏幕	silver screen	layar
⑪	幻灯机	slide projector	proyektor salindia
⑫	幻灯片	slide	salindia

⑬	电池	battery	baterai
⑭	耳机	earphone	alat pendengar
⑮	内存卡	memory card	kartu memori
⑯	投影仪	projector	proyektor

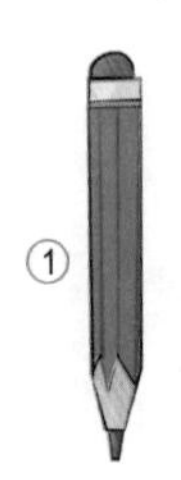

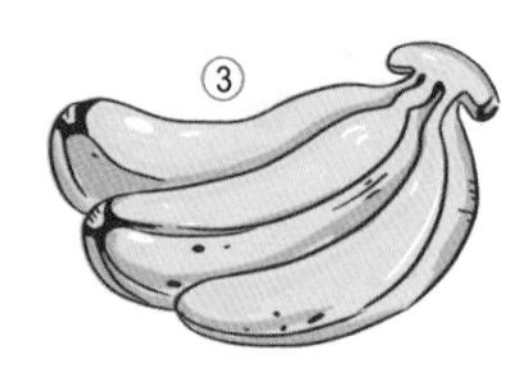

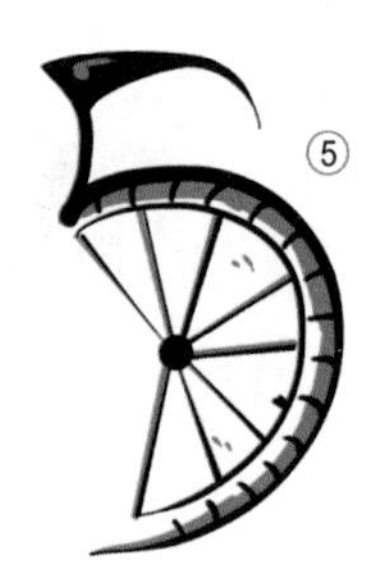

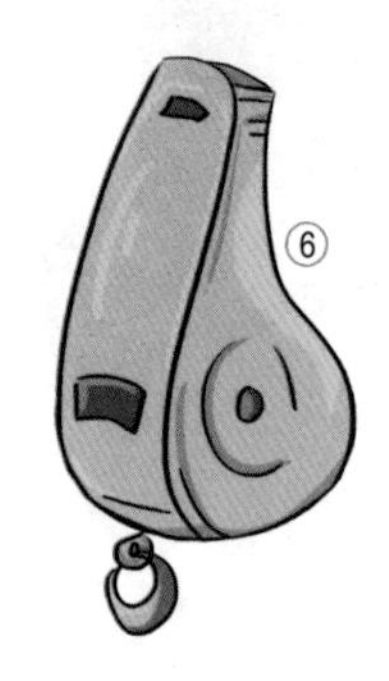

数字	Numbers	Angka
① 一	one	satu
② 二	two	dua
③ 三	three	tiga
④ 四	four	empat
⑤ 五	five	lima
⑥ 六	six	enam

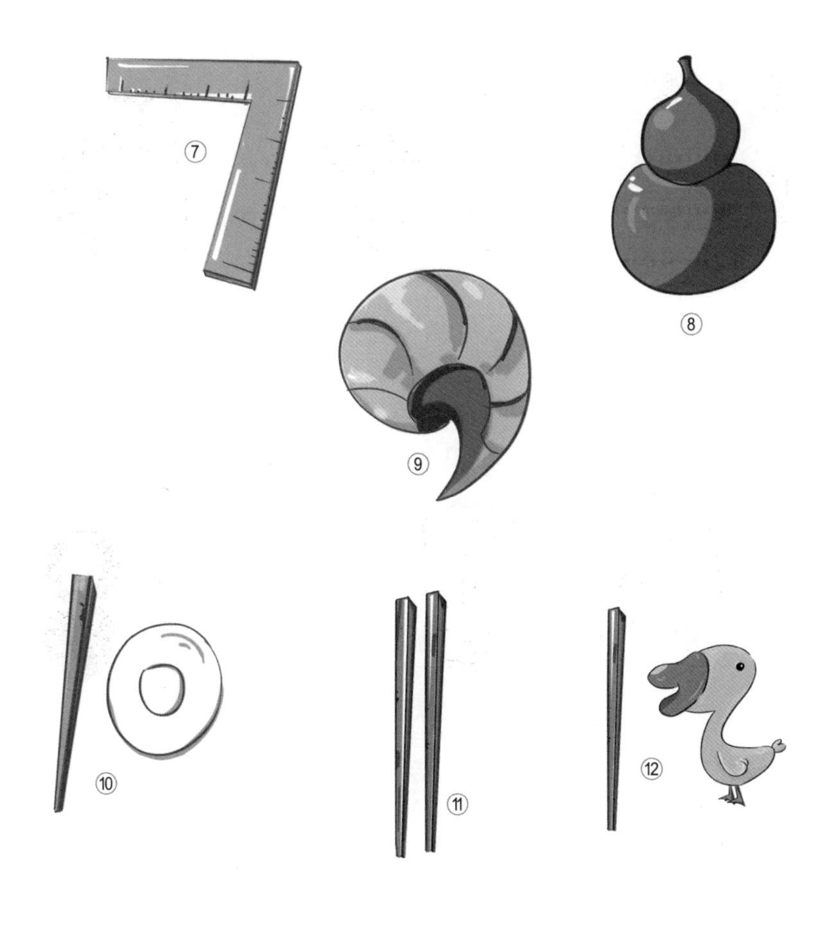

⑦ 七 seven tujuh
⑧ 八 eight delapan
⑨ 九 nine sembilan
⑩ 十 ten sepuluh
⑪ 十一 eleven sebelas
⑫ 十二 twelve dua belas

⑬

⑭

⑮

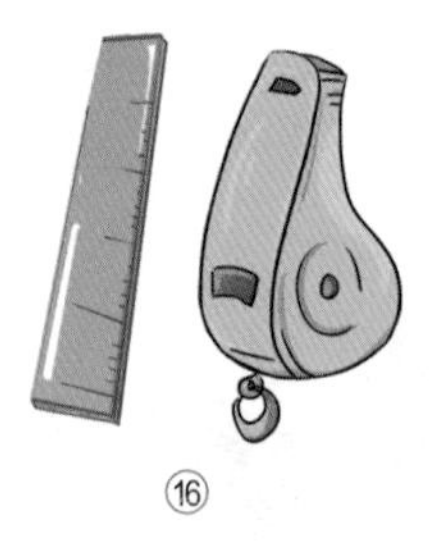

⑯

⑰

⑱

⑬ 十三 thirteen tiga belas
⑭ 十四 fourteen empat belas
⑮ 十五 fifteen lima belas
⑯ 十六 sixteen enam belas
⑰ 十七 seventeen tujuh belas
⑱ 十八 eighteen delapan belas

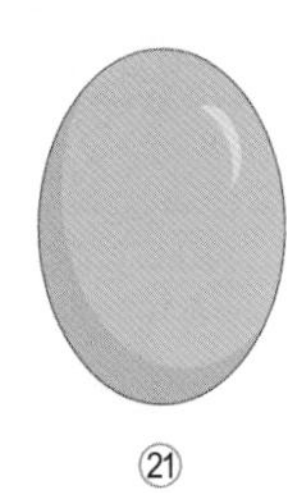

⑲	十九	nineteen	sembilan belas
⑳	二十	twenty	dua puluh
㉑	零	zero	nol
㉒	一百	one hundred	seratus

①

②

③

节日	Festivals	Hari libur
① 元旦节	New Year's Day	Tahun Baru
② 泼水节	Water-Splashing Festival	Festival Air
③ 教师节	Teachers' Day	Hari Guru

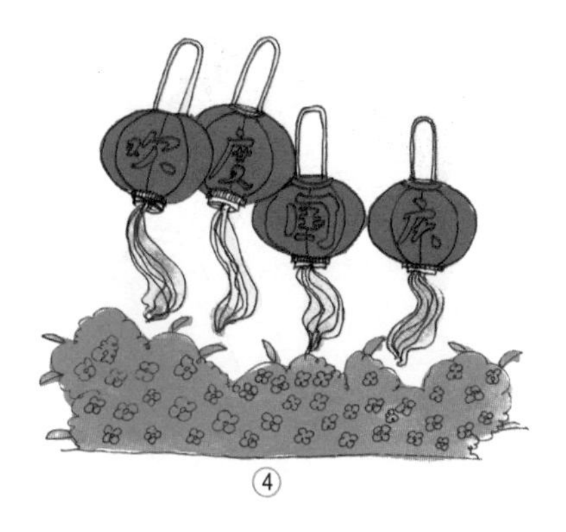

④

⑤

⑥

⑦

④	国庆节	National Day	Hari Kemerdekaan
⑤	春节	the Spring Festival	Imlek
⑥	劳动节	the Labour Day	Hari Buruh
⑦	儿童节	Children’s Day	Hari Anak

⑧ 父亲节	Father's Day	Hari Ayah
⑨ 母亲节	Mother's Day	Hari Ibu
⑩ 妇女节	Women's Day	Hari Perempuan
⑪ 情人节	Valentine's Day	Hari Kasih Sayang

索引（笔画）

一画

二画

三画

四画

五画

六画

七画

八画

九画

十画

十一画

十二画

十三画

十四画

十五画

十六画

十七画

十八画

十九画

二十三画

索引（拼音）

a

b

C

d

e

f

g

h

j

k

m

n

o

p

q

r

s

t

W

X

y

Z

索引（英文）

A

B

C

D

E

F

G

H

I

J

K

L

M

N

O

P

Q

R

S

T

U

V

W

Z